한국과 러시아의 전략협력

서울대 러시아연구소
한-러 수교 25주년 기념 출판물

한국과 러시아의 전략협력

South Korean-Russian Strategic Cooperation

ЮЖНОКОРЕЙСКО–РОССИЙСКОЕ
СТРАТЕГИЧЕСКОЕ СОТРУДНИЧЕСТВО

신범식·하용출·서동주·성원용·권원순·김현택·
글렙 이바셴쪼프 외 공저

HU:iNE

머리말

1990년 9월 30일 한국과 소련/러시아가 국교를 수립한 이래로 25년 간 양국은 관계 정상화, 양국관계 조정, 갈등·소강상태 극복을 위한 관리, 새로운 동반자관계 발전, 미래지향적 전략적 협력 추진 등의 단계를 거치면서 포괄적인 분야에 걸친 협력관계를 강화해 왔다. 특히 2008년 9월 29일 이명박 대통령과 메드베데프 대통령이 양국 관계를 "전략적 (협력)동반자관계"로 격상시키는데 합의한 점은 의미 있는 계기로 인식될 필요가 있다.

2012년 5월과 2013년 2월에 각각 출범한 러시아와 한국 정부는 '신동방정책'과 '유라시아 이니셔티브'와 같이 공유이익을 지닌 부문의 정책 협력을 강화시켜가면서 양국관계 발전을 위해 노력하고 있으며, 2013년 11월 푸틴 대통령은 서울을 방문하여 박근혜 대통령과 35개항의 공동성명에 합의함으로써 향후 "전략적 (협력) 동반자관계"를 심화·발전시켜 나갈 중요 기반을 마련한 것으로 평가되고 있다.

'전략적 협력'이란 양자관계를 통해 지구적 및 지역적 수준에서의 전략적 영향력을 추구해 나갈 수 있다고 상호 인식하게 된 당사국들이 그 협력의 내용을 지속적으로 발굴하고 실천하면서 구성해 가는 관계를 의미한다. 이 전략적 협력의 내용을 규정하는 요소로는 첫째, 전략적 소통, 둘째, 전략의 조율, 셋째, 공통의 전략적 결과를 지향하는 프로젝트의 실천을 들 수 있는데, 이 세 측면에서 볼 때에 한국과 러시아는 진정한 의미에서의 전략적 협력 단계에 진입해 있다고 보기는 어렵다. 정확히 말하자면 현 단계 양국관계는 양자, 남·북·러 3자, 동북아 지역 및 지구적 의제에서의 다층적 협력의 균형점을 찾아가는 전략 협력의 모색 단계에 진입했다고 볼 수 있다. 이제 양국은 이와 같은 전략 협력을 고양함으로써 러시아의 동방을 향한 비전과 한국의 대륙을 향한 비전이 함께 조우되는 창조적 변화를 시도해 나가야 할 것이다.

서울대학교 러시아연구소는 이러한 양국 전략협력의 발전을 위하여 수년 전부터 국내 전문가들과 함께 한·러관계가 진정한 전략적 협력으로 고양되기 위한 정책적 방안을 모색해 왔으며, 러시아 국제관계위원회와 동북아 안보를 위한 한-러 전략협력에 관한 공동보고서를 작성하게 되었다. 이에 한-러 전문가들의 공동 보고서와 국내 전문가들의 한·러관계 발전을 위한 보고서를 묶어 그 동안의 노력을 한 매듭짓는 의미에서 작은 책자로 출간하게 되었다.

결코 짧지 않은 시간 동안 이어졌던 이 작업에 인내와 아량으로 참여해 주신 하용출 교수님, 김현택 교수님, 서동주 박사님, 성원용 교수님, 권원순 교수님의 노고에 깊은 존경과 감사를 드리며, 러시아 측에서 파트너로 애써 주신 글렙 이바센쪼프 대사님과 러시아 전문가들에게도 찬사를 드리고 싶다. 특별히 촉박한 일정에도 불구하고 시간에 맞추어 멋진 책자를 출판해 주신 한국외국어대학교 지식출판원에도 치하를 드린다.

필진을 대표하여

신범식

Contents

Part I Security and Cooperation in Northeast Asia

Part II The 'Strategic Cooperation' between Republic of Korea and Russia

PART
I

동북아시아 안보와 협력

한-러 전문가 합동보고서

신범식, 글렙 A 이바센쪼프 외

한국측 서언

동북아시아가 격동하고 있다. 부상하는 중국과 아시아로 회귀하는 미국 간의 경쟁과 협력은 동북아 지역정치의 기본축을 형성하게 되었으며, 일본의 보통국가화를 향한 행보가 가져오는 파장도 만만치 않다. 1990년대 심각한 세력의 약화를 경험했던 러시아도 2000년대 이후 강대국으로 복귀한 이후 점차 서방과의 갈등을 빚고 있으며, 세계 정치와 경제의 새로운 중심으로 부상하고 있는 동북아시아로 진출하기 위해 한층 더 노력을 기울이는 중이다. 게다가 북한의 핵과 미사일 개발이 지속되면서 외부 세계와의 안정적인 관계 개선에 대한 기대를 무색하게 만드는 예측불가능성, 그리고 그로 인한 남-북관계의 악화는 요동하는 동북아 정세를 더욱 복잡하게 만드는 요인이 되고 있다.

한국과 러시아는 올해 수교 25주년을 맞이하였다. 그간 양국관계는 수교 이후 급속한 관계 발전을 경험해 왔다. 상대에 대한 기대의 고조와 연이어 발생한 관계의 급속한 냉각이 이루어진 1990년대를 지나, 2000년대에는 소강상태를 넘어서려는 다양한 노력들을 기울이게 되면서 2008년에는 "전략적 협력 동반자관계"에 대한 의지를 표명하는 수준에까지 도달했다. 하지만 양국 관계는 전략적 소통과 조정, 전략적 프로젝트들의 실현이라는 관점에서 평가해 볼 때 진정한 의미에서의 "전략적 협력"의 단계에 도달했다고 보기는 어려워 보인다.

급격하게 변화하는 동북아시아에서 지역 정세를 안정화시키고 공동번영을 이룰 수 있는 조건으로서 역내 안보협력 기재를 구축해야 한다는 요구가 그 어느 때 보다 높아가고 있다. 최근 동북아 지역정치의 구조적 특성으로 인해 전통적 안보협력의 가능성이 크게 제한되고 있는 반면, 연성안보협력에 대한 관심이 증가하는 추세이다. 연성안보 분야의 협력에 있어서 러시아는 동북아에 많은 기회를 제공할 수 있으며, 한국은 "동북아 평화협력 구상"을 통하여 연성안보협력으로부터 시작되는 동북아시아의 평화 달성에 대한 깊은 관심을 표명한 바 있다.

이에 한국과 러시아의 일부 민간 전문가들은 동북아에서의 안보 협력 가능성을 모색하는 공동 작업을 시도하게 되었다. 본래 이 작업은 2010년부터 서울대학교 국제문제연구소(CIS) 및 러시아연구소(IREES)와 러시아 측의 유라시아재단(Eurasia Foundation) 및 러시아국제관계위원회(RIAC) 사이의 정기적 및 부정기적 교류와 의견 교환 과정에서 공동의 과제로 채택된 바 있다.

지난 한-러 관계 25년의 역사 속에서 양국 간 관계발전과 전략적 협력에 대한 수많은 전문가 회의들이 진행되어 왔다. 하지만 양측은 자신의 목소리를 일방적으로 제기하고 그에 대한 상대의 의견에 깊은 관심을 기울인 경험이 많지 않았던 것이 사실이다. 그래서 이번 작업은 양국의 전문가들이 공동 프로젝트의 틀 아래에서 한-러 간의 전략적 협력관계가 동북아시아의 안보 증진에 기여할 수 있는 부분이 무엇인가를 함께 고민하며 진행되었다. 물론 작업 과정 중에서 양측의 입장이 완전히 일치되지 않는 부분도 있었다. 그럼에도 불구하고 가급적이면 자국 입장만을 고집하지 않고 서로 수용 가능한 입장을 찾아보기 위해 양국 전문가들이 함께 노력을 기울였다는 점에서 가치 있는 작업이었다고 평가하고 싶다.

바라건대 이와 같은 경험을 기반으로 향후 양국 전문가들은 본 문서에서 제기한 다양한 안보협력의 구체적 이슈들에 대한 공동연구를 빠른 시간 내에 계속 진행하기를 기대해 본다. 물론 이번 작업에서 제기된 민간 전문가들의 의견은 정부의 입장과 차이가 있을 수 있다. 심지어 본 문서의 어떤 부분은 상당히 논쟁적인 성격을 지니고 있다. 하지만 이러한 공동 작업을 통하여 한국과 러시아 양국은 물론 동북아시아 역내 국가들이 어떤 부분에서 입장 차이가 있으며, 어떤 부분에서는 타협과 양보가 가능한지를 드러낼 수 있다. 더 나아가 보다 높은 차원에서 역내 전략적 협력을 이루는 길을 찾고, 궁극적으로 동북아시아의 평화와 공동번영을 달성하는데 일조할 수 있을 것이라고 믿는다.

끝으로, 짧지 않은 기간 동안에 바쁜 일정에도 불구하고 지치지 않는 열정으로 공동 작업에 참여해 주신 한국의 동료 전문가들과 러시아 측의 글렙 이바셴초프 대사를 비롯한 여러 전문가들에게 깊은 감사를 표하고 싶다. 이들의 열정과 노력이 아니었으면 이 결과물은 세상에 나오기 어려웠을 것이다. 그리고 이 공동 작업에 대하여 다양한 시각과 방법으로 솔직한 질책과 비판을 쏟아주시고 또한 물심양면으로 지원해 주신 많은 분들께도 깊은 감사를 드린다.

아무쪼록 한-러 전문가들의 공동작업의 결과물인 이 작은 문건이 향후 한-러 관계의 발전은 물론이거니와 동북아의 안보 증진을 위해 조금이라도 기여할 수 있게 되기를 기대하면서 머리말을 대신하고자 한다.

한국 필진을 대표하여

서울대학교 러시아연구소장 신 범 식

러시아측 서언

러시아와 한국은 지리적으로 인접한 이웃이다. 그러나 지난 20세기의 양국관계는 꽤나 복잡하게 얽혀 있다. 양국은 불과 25년 전, 1990년 9월에 외교관계를 수립하였다. 그 이후 양국관계는 많은 성과를 거두었다. 오늘날 러시아와 한국은 응용 의학으로부터 우주 개발에 이르기까지 인간 활동의 거의 모든 부분에서 협력하고 있다. 그리고 양국 간 전략적 파트너 관계가 한층 더 발전되어야 한다는 일종의 국민적 여론도 양국 내에는 형성되어 있는 것으로 보인다.

"동북아시아 안보와 협력"이라는 제목을 가진 이 보고서는 양국 러시아국제관계위원회 및 서울대러시아연구소 전문가들이 공동으로 작성한 최초의 문서이다. 이 공동 작업은 러시아와 한국이 전략적 동반자관계를 형성하기 위해서는 양자관계를 강화하는데 그쳐서는 안 되며 지역적 및 지구적 현안 문제들, 특히 동북아에서의 긴장을 줄이는 과제를 해결하기 위한 노력을 함께 기울여야 한다는 사실로부터 시작되었다.

러시아와 한국은 모두 이 지역에서 군사적 긴장을 완화하는데 깊은 관심을 가지고 있는데, 이는 한국과 북한 사이의 60년간의 분단으로부터 시작되어 최근에는 북핵 문제로 더욱 복잡해지고 있다. 더군다나 한국과 북한은 물론 러시아, 중국, 일본, 그리고 미국이 동북아시아에서 그 안보적 이익이 교차하고 있다. 현존하는 이 지역의 안보 구조의 현대화가 절실하다. 그것은 미국과 소련이 대립하던 냉전 시기에 만들어져 이 지역의 새로운 세력균형은 물론 현존하는 지역적 및 지구적 위협들을 제대로 반영하고 있지 못하다.

물론 우리 러시아 학자들은 한국 동료들과 모든 이슈에서 의견의 일치를 보지는 못하였다. 그러나 그것은 자연스러운 것이다. 역사적으로 러시아와 한국은 상이한 동맹과 전략적 동반자들을 가져왔는데, 이는 양국이 특정한 문제에 접근하는 방식에 깊은 영향을 미칠 수밖에 없었다.

그러나 우리는 주요한 합의점을 찾기도 했는데, 예를 들면, 북핵문제의 해결은 한국과 북한의 관계를 정상화하는 데서부터 시작될 수 있다는 점이다. 이 두 분야에서의 진전을 이루기 위한 구체적인 방안들이 제안되기도 하였고, 북한 핵무기 프로그램에 관한 6자회담을 복구하는데 도움이 될 수 있는 조치들의 목록도 제시하였다. 평양을 정치적 고립으로부터 탈피하도록 하고 국제문제에 온전히 참여하도록 만드는 일은 동북아시아의 모든 이들에게 유익이 된다는 점이 강조되었다. 양국 전문가들은 '한국 문제'를 유엔의 이슈로 되돌려서 유엔이 이 문제에 대한 평화회담을 개최하도록 하는 방안에 대하여 긍정적으로 언급하였다. 한국과 북한은 평화조약 내지는 1953년 휴전협정을 대체할 문서의 당사자가 되어야 하며, 유엔 안전보장이사회는 당사자들이 새로운 조약에 따라 자신의 의무를 다하도록 하는 보장자의 역할을 할 수 있다는 점이 언급되었다.

우리는 동북아시아의 포괄적인 지역 안보체제의 구축을 위한 노력이 에너지 안보, 핵 안전, 교통 안보, 식량 안보, 국제정보 안보 등과 같은 구체적인 연성 안보 이슈들에 관한 지역적 파트너십을 형성하는 데서부터 시작되어야 한다는 데에 합의하였고, 이러한 이슈들에 대한 파트너십을 위한 구체적인 제안들을 제시하였다. 이같은 파트너십을 구축하게 되면 점차 역내 평화와 발전 그리고 안보와 같은 좀 더 폭 넓은 이슈들에 대하여 논의하여 궁극적으로는 동북아시아의 포괄적인 안보체제를 창조하는 데에까지 도달할 수 있다는 것이 우리의 믿음이다.

오늘날 세계의 국제관계는 더 이상 정부의 배타적인 영역에만 머물지 않는 책임의 수준을 요하게 되었다. 과학, 기술, 재계 등 다양한 분야의 전문가들은 그들의 목소리를 높여야 한다. 필자는 러시아와 한국의 정부가 러시아국제관계위원회와 서울대러시아연구소가 공동으로 작성한 보고서에 주의를 기울이고 필요한 조치들을 취해 줄 것이라고 확신한다.

러시아측 집필진을 대표하여

전 주한 러시아대사, RIAC 멤버, 글렙 이바셴쪼프

1

동북아시아 :
안보 위협과 도전들

동북아시아는 오늘날 세계에서 가장 역동적으로 발전하고 있는 지정학적 공간이다. 세계 경제와 정치의 중심은 점차적으로 동북아 지역으로 이동해 오고 있으며, 인류가 나아갈 궤도와 미래상의 상당 부분이 이 지역에 의해 결정될 것으로 보인다. 급격한 경제 성장을 통해 동북아는 세계의 생산·분배·소비 중심지로 변화하였으며, 금과 외환의 주요 보유자이자 세계적인 투자자로 부상하였다. 가장 미래지향적인 과학 및 기술 프로젝트 역시 이 지역에서 진행되고 있다. 또한 서구 민주주의 형태의 거버넌스와 지역 정치문화가 혼합된 기반 위에서 다양한 정치 및 사회질서에 대한 근대화 모델들이 개발, 실험되고 있다.

그러나 동북아시아에서는 상당한 충돌의 가능성이 누적되고 있다. 역내 세력권에 대한 정치적 경쟁과 갈등이 증가하고 있으며, 금융 부문에서도 명백한 긴장관계가 존재한다. 군비증강 추세 역시 뚜렷하다. 동북아 지역에는 세계 군사력 보유 순위의 10위권 국가 중 6개국(중국, 미국, 북한, 러시아, 일본, 한국)이 위치하고 있고, 그 중 세 개 국가(미국, 러시아, 중국)는 이미 핵 무기를 보유하고 있으며, 북한은 핵 무기 개발 중에 있는 상태이다.

한반도에서의 긴장상태, 영토 분쟁, 양안관계 등을 포함한 전통적인 위협요인들은 에너지 안보 문제에 의해 증폭될 수도 있다. 또한 테러리즘, 초국적 범죄, 자연·환경재해 및 인재, 마약 밀매 등의 새로운 위협요인들은 역내 사회적 안정에 부정적인 영향을 미치고 있다.

상호의존적이면서 동시에 경쟁적인 미국과 중국 간의 관계는 동북아 정세에 중대한 영향을 미치고 있다. 워싱턴은 점차 부각되고 있는 중국의 부상을 도전으로 인식하며, "아시아로의 회귀"(Return to Asia Pacific) 전략으로 분류될 수 있는 일련의 정책수단들을 마련하고자 한다. 시계열과 내용적인 측면 모두에서 차이점을 내포하고 있는 베이징과 워싱턴의 미래 전망은 여전히 불명확하다. 만약 미-중 관계의 대립적 양상이 계속해서 만연하게 된다면, 동북아 지역 내 다른 국가들은 중국과의 경제적 파트너십 확대와 미국과의 정치·군사적 협력의 발전 사이에서의 선택을 해야 할 것이다.

점증하고 있는 동북아시아 내 안보위협과 도전과제들은 한국과 러시아의 국가이익에도 영향을 미친다. 지리적 위치로 인해 양국은 공동으로 직면한 많은 문제들을 함께 풀어나갈 수밖에 없는 상황이다. 러시아는 그의 참여가 없이는 국제적으로 중요한 문제가 해결될 수 없을 정도로 세계 각축장에서 강력한 국가로 다시금 등장하고 있다. 지난 수 십 년 동안, 한국은 산업 및 무역 부문에서 세계적으로 영향력 있는 국가로서 변모해 왔으며,

이를 기반으로 대외정책 분야에서 독자적인 목소리를 낼 수 있는 행위자로 거듭나기 위해 노력하고 있다.

최근 수 년간의 고위급 정상회담들을 진행하면서 한국과 러시아의 정상들은 인류가 직면하고 있는 도전들은 지구적이며 따라서 이에 대한 유일하게 효과적인 대응은 국제사회가 공동으로 노력을 실천하는 것이라는 공동의 의견을 반복적으로 피력해 왔다.[1]

역사적으로 한국과 러시아는 서로 다른 전통적 동맹국들과 관계를 형성해 왔고, 서로 다른 형태의 국제적인 대화를 진행해 왔다. 그러나 이러한 사실은 양국이 그 양자관계를 "전략적 동반자관계"(strategic partnership)라는 새로운 차원으로 고양하는 것에 장애물이 되지 않는다. 이같은 동반자관계는 국가들 간의 차이에도 불구하고 평등과 이해관계에 대한 상호존중에 기반을 두면서 더 민주적이고 정의로우며 그래서 한층 더 안전한 세계 질서를 모든 국가들이 함께 만들어 나가는 다극적 지구 공동체의 한 부분으로 간주될 수 있을 것이다.

한-러 동반자관계는 무엇보다 동북아시아에서 균형 잡힌 다자안보 체제의 형성을 촉진할 수 있다는 점에서 가치가 크다. 그러한 안보 체제를 수립하는 것은 매우 시급한 과제이다. 현존하

1 Joint Statement of the Russian Federation and the Republic of Korea (issued November 13, 2013) // Official Website of the Ministry of Foreign Affairs of the Republic of Korea. URL: http://www.mofa.go.kr/webmodule/htsboard/template/read/korboardread.jsp?typeID=24&boardid=11781&tableNata=TYPE_KORBOARD&seqno=7453 (In Korean);
Press Statement following the Meeting with the President of the Republic of Korea Lee Myung-bak (issued November 10, 2010) // Official Website of the President of the Russian Federation. URL: http://kremlin.ru/events/president/transcripts/9476 (In Russian).

고 있는 동북아시아의 안보 아키텍처는 냉전시기 미-소 갈등이란 맥락 속에서 만들어 졌다. 이는 현재 아시아-태평양 지역에서 나타나는 세력분배 상태와 일치하지 않을 뿐만 아니라 지구적 및 지역적 수준의 위협 요인들을 다루는 과제에도 적합하지도 않다.

동북아시아 안보 체제는 중국, 일본, 북한, 한국, 몽골, 러시아와 같이 지리적으로 관련 있는 모든 국가들은 물론이고 지리적으로는 지역의 일부가 아니지만 핵심적인 안보 이익을 지닌 미국도 포함해야 한다.

러시아는 중국과 마찬가지로 미국 중심적 체제만 아니라면, 아시아에서의 미국의 존재와 그와의 협력에 대해서 객관적인 이해관계를 가진다. 워싱턴이 스스로 아시아로 "회귀"한다고 주장함으로써 이 주제에 대해 실질적인 논의를 착수하기에 적절한 시기가 조성되었다.

동북아시아의 포괄적 안보 체제를 구성함에 있어서 핵심적인 원칙은 대결적인 냉전 식 사고방식을 폐기해야 한다는 것이다. 봉쇄(containment)는 개입(engagement)과 무력 불사용 내지 무력 사용에 대한 위협의 제거, 그리고 평등과 개방성으로 대체되어야 한다. 전략적 관점에서 보았을 때에, 역내 모든 행위자들의 이해관계와 의도가 명백히 밝혀지고 이를 다른 행위자들이 이해하게 될 때 동북아시아는 최대한의 안정성과 역동성을 누릴 수 있다. 취약함과 불만을 기반으로 해서는 믿을 만하고 호혜적인 힘의 균형이 달성될 수 없다.

2

북한의 핵 무기 및 미사일 개발 문제와 남북관계 정상화

60년 이상 지속되면서 한반도 핵 문제로 더욱 악화되고 있는 남북 간 대립은 동북아시아에서 가장 심각한 안보 이슈이자 군사적 위협이다. 한반도 핵 문제의 해법은 남북관계 정상화와 함께 다루어져야 함을 주지할 필요가 있다. 두 가지 과제가 동시에 다루어져야 하는데, 한편으로는, 북한이 핵무기 프로그램을 동결 및 해체하고 국제원자력기구(IAEA)의 안전조치 하에서 핵비확산조약(NPT) 체제로 복귀하고, 다른 한편으로는, 한반도에서 정치적 긴장을 해소하고 한국 및 역내 다른 국가들과 북한의 관계를 발전시켜야 한다.

냉전 시기에 등장한 "한반도 문제"(Korean question)는 냉전의 종식과 함께 해결의 실마리를 찾을 수 있게 되었다. 모스크바는 1990년에 한국과 국교를 맺음으로써 그 첫 시도를 취했다. 1992년에는 남북한이 국제연합(UN)에 동시에 가입하였으며, 러시아에 이어 중국이 서울에 대사관을 개설하였다. 그러나 이 시기 미국과 그 동맹국들은 북한을 인정하지 않았다.

서울에서 "햇볕정책"이라고 불리는 대북 정책이 발표된 이후 문제 해결의 새로운 실마리를 찾을 수 있었다. 21세기의 첫 십 년 동안 햇볕정책을 통해 남북한은 그 동안 단절되었던 관계를 무역과 경제협력을 중심으로 회복할 수 있었다. 서로 다른 두 경영 체제를 결합하는 개성공단과 같은 아이디어가 점진적으로 북한 전역으로 퍼져나감으로써 경제적 통합과 그에 따른 정치적 통일의 기반을 마련할 수 있을 것이라는 기대를 가져봄 직한 상황이었다. 그러나 불행하게도 남북 간의 관계개선은 교착상태에 빠졌다.

2003년부터 2008년까지 한반도 핵 문제를 평화적으로 해결하기 위해 남북한, 중국, 미국, 러시아와 일본이 참여하는 6자회담이 개최되었다. 2005년 9월 19일에 발표된 제4차 6자회담 공동성명에는 한반도의 비핵화와 더불어 역내 전반적인 상황을 개선시키기 위한 건설적인 기초 작업들이 포함되어 있었다.[2] 그러나 6자회담에 참여한 모든 당사국들이 이러한 합의를 실행에 옮길 준비가 되어 있던 것은 아니었다. 그 이후 얼마 있지 않아 평양은 세 차례에 걸친 핵실험을 강행했다.

그럼에도 불구하고 6자회담 틀 내에서 협상을 되살릴 희망은 여전히 존재한다. 한반도 핵 문제에 대한 유엔 안전보장이사회 결의안을 이행시키기 위해서 6자회담 모든 당사국들은 자제심과 판단력을 발휘하는 것이 필요하며,[3] 동방 및 서방을 막론하고

---

2 Joint Statement of the Fourth Round of the Six-Party Talks (issued September 19, 2005) // U.S. Department of State. URL: http://www.state.gov/p/eap/regional/c15455.htm

3 UN Security Council Resolutions 825 (1993), 1540 (2004), 1695 (2006), 1718 (2006), 1877 (2009), 1874 (2009), 1874 (2009), 1928 (2010), 1928 (2010), 2094

그들의 파트너들에게 동일한 조치를 취하도록 촉구해야 한다. 유엔 안보리 결의안에 제시되어 있는 제재 수단들은 과도하게 확대 해석되어서는 안 된다. 무엇보다도 한반도를 둘러싼 긴장을 악화시키는 어떠한 조치도 피하는 것이 가장 중요하다. 북한이 고립 상태에서 탈피하여 사회·경제적 성장을 이루고, 국제사회의 일원으로서 온전한 역할을 할 수 있는 기회를 주는 것은 동북아의 다른 국가들에게도 이익이 될 것이다. 제재 조치로 인해 억압받고 있는 상태에서 보다는 상대적으로 안전을 보장받았다고 느끼고 자신감을 회복할 때 북한은 어떤 주제에 대해서도 더 신뢰할 수 있는 협상 상대가 될 것이다.

아래의 조치들은 6자회담 프로세스를 회복하는데 도움이 될 수 있을 것이다.

- 6자가 함께 동북아시아의 영구평화와 안정을 증진시키겠다는 약속을 표명하고;
- 미국과 북한이 상호 주권을 존중하며 평화적으로 공존하고 양자관계를 정상화하기 위한 조치들을 취할 전반적 의사를 표명하며;
- 향후 북한이 경수로 건설을 포함한 평화적 핵 에너지 사용을 가능하게 할 타협적 구도를 모색하겠다는 6자 간 합의를 표명하고;
- 6자 모두가 합의를 실행하기 위한 원칙으로 "공약 대 공약,

(2013), 2087 (2013), 2141 (2014), 2207 (2015) // United Nations Security Council. URL: http://www.un.org/en/sc/documents/resolutions/

행동 대 행동"(commitment for commitment, action for action)을 수용함을 선언한다.

러시아는 남북 간의 가교를 만들어야 한다는 생각을 일관되게 지지해 왔다. 향후 대규모의 남-북-러 협력 프로젝트들이 실현된다면 남북관계 정상화가 분명히 용이해 질 것이다. 유럽과 한국을 연결하는 국제철도 회랑, 남-북-러 가스관 건설, 러시아의 동시베리아 및 극동지역을 포함하는 동북아시아의 통합된 에너지 시스템의 창출 등의 프로젝트가 이러한 촉진제 역할을 수행할 것으로 기대된다.

한반도에서 군사적 적대 행위는 60여 년 전에 끝났지만 남북 간에는 평화 체제가 아닌 휴전 체제가 유지되어 왔다. "한반도 문제"가 40년 간의 침묵을 깨고 다시 유엔 안건으로 상정된다면 한반도에 평화의 기회가 찾아올 가능성도 있다. 1975년 11월 두 개의 상반된 결의안[4]– 미국을 포함한 59개국에 발의한 결의안과 소련을 포함한 54개국에서 발의한 결의안 – 이 채택된 제30회 유엔 총회가 끝난 뒤 두 개의 한국에 대한 평화적 해법에 대한 안건은 더 이상 상정되지 않았다.[5]

한반도 문제를 해결하기 위한 평화회의는 평화의 달성, 남북과

4 United Nations General Assembly Resolution 3390 (XXX): passed at the 2409th plenary meeting on November 18, 1975 // United Nations. URL: http://daccess-ods.un.org/TMP/5659647.58396149.html

5 Voting Records (A/RES/3390(XXX)A-B) // Official Website of the General Assembly of the United Nations. URL: http://www.un.org/en/ga/documents/voting.asp

북미 및 북일 사이에서의 외교 관계 수립, 한반도 비핵화, 군비 축소, 남북 간 경제적 협력관계 발전, 평양에 대한 경제적 지원 제공 등 다양한 주제들을 포괄하면서 개최될 수 있다. 이 회의에는 유엔 사무총장과 유엔 안전보장이사회 다섯 상임이사국, 남북한, 그리고 가능하다면 남북한과 동시에 상호협정을 맺고 있는 다른 국가들이 동시에 참여할 필요가 있다. 물론 이러한 평화회의 구상이 당장에 수용되기는 어렵다. 그러나 북핵 문제를 해결하기 위해 6자회담을 개최하자는 제안 역시 즉각적으로 받아들여졌던 것은 아니다.

1953년 휴전협정을 점진적으로 대체하려는 목적의 평화협정 내지 다른 형태의 문서 – 가령, 헌장 또는 선언 – 는 단순히 한국전쟁 당사국 간의 상호 불가침 조약에만 그쳐서는 안 된다. 그것은 보다 적극적으로 북한이 불량국가 상태에서 벗어나 정상적인 국제사회의 일원으로 참여하고 국제통화 및 금융 기구의 수혜국으로서 거듭날 수 있도록 하는 대담하고 포괄적인 동반자관계를 지향하는 문서여야 한다. 남북한이 모두 평화협정의 직접 당사자가 되어야 하며, 유엔 안보리 5개 상임이사국은 양자 간의 약속이 이행될 수 있도록 보장하는 역할을 수행할 수 있을 것이다.

3 신뢰: 안보의 기초

동북아시아 안보 체제를 방해하는 가장 핵심적인 장애물은 상호 신뢰의 결여이다. 신뢰는 상호이익과 관련된 구체적인 이슈들을 다루는 대화가 없이는 형성되기 어렵다. 일반적으로 인접 국들과의 긴장을 완화하고 신뢰에 기반한 관계를 창출하기 위해서 가장 유용한 방법은 호혜적이며 장기적인 대규모 공동 경제협력 프로젝트를 실시하는 것이다. 유럽은 이러한 경험을 지난 1960년대 후반과 1970년대 초반에 이미 습득하였다. 소련으로부터 서부 유럽에 이르는 파이프라인 건설 협정을 체결하며 서유럽 기업들을 소련 지역의 대규모 산업시설에 대한 설비투자를 참여시킴으로써 소련과 유럽국가들은 냉전으로 인해 발생한 불신을 약화시키고 유럽에서의 정치적 데탕트를 가져올 수 있는 계기를 마련할 수 있었다. 이러한 정치적 데탕트는 1975년 헬싱키에서의 유럽안보협력회의(CSEC: Conference on Security and Cooperation in Europe)로 결실을 맺었으며, 이후 유럽안보협력기구(OSEC)의 창설로 이어졌나. 물론 유럽의 40년 간의 경험을 맹목적으로 오늘날 동북아시아에 적용하는 것이 타당하다고 보기 어렵지만, 이 경험으로부터 얻을 수 있고 또 얻어야 하는 일정한 함의는 분명 존재한다.

2013년 박근혜 대통령은 상대적으로 논쟁거리가 적은 이슈들에 초점을 맞추어 동북아시아에서의 평화와 협력에 대한 다자회담 개최를 제안하였다. 그 목적은 회담 당사국들 사이에 상호 신뢰를 점진적으로 제고하여 이들이 지역의 평화와 발전 및 안보와 관련된 보다 폭넓은 이슈들을 다루게 되는 변화에 준비되도록 하려는 것이다.[6]

이러한 접근방식이야말로 타당성 있다. 건물을 완성하기 위해서는 그 토대가 반드시 먼저 마련되어야 한다. 동북아시아의 지역 안보를 '구축'하기 위해서는 역내 국가들에게 공통적으로 적용되는 구체적 안보 분야를 다루는 동반자관계들이 엮어진 네트워크가 그 기초가 되어야 한다. 다양한 군사적 및 정치적 이해관계에도 불구하고 동북아시아 국가들은 에너지, 수송, 식량 및 사이버 안보뿐만 아니라 원자력 에너지의 안전하고 평화적인 이용에 대한 공통된 관심을 통해 결속을 다질 수 있다. 법적으로 구속력 있는 역내 동반자관계들 혹은 분야별 공동체들은 궁극적으로 동북아시아의 포괄적인 안보 체제를 만들어 갈 여건을 조성하게 될 것이다. 유럽연합(EU)이 1950년 유럽석탄철강공동체(ECSC)로부터 출발했다는 점을 상기해 볼 필요성가 있다.

6 Northeast Asia Peace and Cooperation Initiative // Ministry of Foreign Affairs of the Republic of Korea. URL: http://www.mofa.go.kr/ENG/North Asia/res/eng.pdf

4 동북아시아 역내 동반자관계 네트워크의 형성

4.1. 에너지 안보 동반자관계

오늘날 대외 정책은 에너지 자원을 확보하기 위한 국제적 차원의 경쟁에 큰 영향을 받고 있다. 이는 동북아시아 역시 마찬가지이며, 군사적 및 정치적 이해관계의 다양성에도 불구하고 모든 역내 행위자들은 에너지 안보에 대한 심도 깊은 이해관계를 공유하고 있다.

동북아시아의 에너지 지형을 보면 시장들은 서로 고립되어 있으며 아주 미미한 상호 교류만이 있을 뿐이다. 또한 이렇다 할 만한 에너지 분야의 협력 역시 존재하지 않는다. 이러한 상황은 종종 개별 국가들이 다른 주변국들의 이해관계를 고려하지 않고 독단적인 행동을 취하게 만들고 자원에 대한 분쟁을 초래하기도 한다. 특히 유럽 및 북미와는 달리 러시아를 제외한 동북아시아 국가들은 석유와 천연가스에 대한 충분한 전략 비축분을 가지고 있지 못하기 때문에 이 문제는 더욱 심각하다. 이같은 협력의 부족 상태는 역내 에너지 안보의 안정성에 대해 어떠한 도움도 되지 못할 뿐만 아니라, 세계 경제 전체에도 부정적인 영향을 미친다. 예를 들어, 중국의 경우 2007년에 처음으로 석유 수입의 부족을 경험하기 시작했는데, 이러한 공급 부족 사태는 2008년 6월경에 이르러서는 전 세계 에너지 시장의 휘발유 및 디젤 가격을 평균 18% 상승시키는 요인으로 작용하였다.

아시아 국가들의 경제성장이 빠르게 진행되고 있다는 점 역시 천연가스 수요의 급격한 증가 요인이 되고 있다. 동북아시아의 천연가스 소비에 대한 욕구가 증대됨에 따라 경제, 정치, 안보 전 영역에서 문제가 생길 소지가 크다. 천연가스 생산량의 증가와 셰일가스(shale gas)와 같은 새로운 기술 개발에도 불구하고 모든 아시아 국가들이 국내 생산만으로는 증대되는 천연가스 수요를 충족시킬 수 없다는 사실이 명백해 지고 있다. 이런 이유로 다음의 두 가지 경로를 통해 불가피하게 천연가스의 공급이 지속될 필요가 있는데, 하나는 천연가스가 러시아와 중앙아시아로부터 가스관을 통해 공급되는 것이고, 다른 하나는 해로를 통해 액화천연가스를 수송하는 것이다.

전력 산업에서도 일련의 문제들이 제기된다. 각 국가들은 석탄 기반의 화력 발전소에서 상당한 양의 전력을 생산하고 있지만, 동북아시아에서 전력망은 서로 연결되어 있지 않으며 개별 국가들 내에서조차 독자적으로 운용되고 있다.

다른 지역에서는 특히 다자협력의 틀을 중심으로 잘 발전되어 있는 에너지 협력의 여러 요소들이 동북아시아에서는 발달되어 있지 못하다. 동북아시아에는 현재 언급할 만한 어떠한 다자적 에너지 대화 내지는 에너지 정상회의가 없다. 러시아와 EU 사이에 체결되어 있는 동반자관계 및 협력 협정과 유사한 종류의 문서들은 말할 것도 없고,[7] 의향을 표명하는 수준 정도의 낮은 단계에서조차 에너지 관련 다자주의 문건이 하나라도 채택되거나 그 초안이 마련된 적이 이 지역에서는 없었다.

이 모든 것은 동북아시아의 포괄적 에너지 동반자관계 마련의 필요성을 제기한다. 이 동반자관계는 역내 국가들의 에너지 정책, 에너지 공급의 양과 기간, 에너지 수송 인프라 발전을 위한 프로젝트, 에너지 절약 프로그램, 재생에너지 개발 프로그램 등과 같은 요소들을 조율하게 될 것이다. 이 동반자관계의 목적은 아래와 같은 사항들을 보장하는데 있다:

- 자연환경 보호를 함께 고려하면서 지역 내 에너지 수요(탄화수소, 전기, 원자력 발전소의 원료공급 등)를 충족시키고;
- 기초에 대한 철저한 목록 작성에 기반한 에너지 가격의 책정 및 그 가격에 대한 국가적 통제 등에 관한 일관된 규칙을 규제적으로 강화하고;
- 동북아시아에서 발생할 수 있는 석유 및 천연가스 공급 상비상사태를 빠르고 성공적으로 해결하고;
- 동북아시아 에너지 시장에 안정성과 예측가능성을 유지시켜

7 Agreement on Partnership and Cooperation Establishing a Partnership between the European Communities and their Member States, of one part, and the Russian Federation, of the other part (signed June 24, 1994) // European Commission. URL: http://trade.ec.europa.eu/doclib/docs/2003/november/tradoc_114138.pdf

줄 수 있는 역내 석유 및 천연가스의 전략적 비축 제도를 창출하고;
- 국제법 수준에 따른 통일된 환경 규범 및 안전 기준들을 준수하고;
- 에너지 절약 및 재생에너지 자원의 개선을 위한 프로그램들을 실행하고;
- 천연가스 액화 및 셰일가스 생산을 포함한 새로운 에너지 프로젝트들에 대한 대규모 투자를 신뢰할 만한 수준에서 보장하고;
- 신뢰할 만한 운송이야말로 에너지 안보의 핵심이기 때문에 육상 및 해상의 에너지 자원 수송로에 대한 안전을 확보한다.

공급자와 수요자 간에 에너지 사업의 자산을 서로 교환하고 더불어 지역 간 중대성을 지닌 대규모 에너지 프로젝트를 위한 국제적 컨소시엄을 창출하는 것은 '동북아시아 에너지 동반자관계' 구축을 위한 중대한 두 요인으로 기능하게 될 것이다.

국제에너지헌장(IEC: International Energy Charter)[8]의 특정 원칙들은 동북아 에너지 동반자관계에 적용할 수 있다. 예를 들면, 에너지 자원 및 생산에 대한 접근, 시장에 대한 접근, 에너지 부문에서의 무역 자유화, 투자에 대한 인센티브 제공 및 보장 등이다. 동시에 이 동북아 에너지 동반자관계의 내용은 개별 참여국들이 국내법으로만 관장하고 있는 원자력 에너지 기술의 확산

8 International Energy Charter (signed May 20, 2015) // International Energy Charter. URL: http://international.energycharter.org/fileadmin/DocumentsMedia/Legal/IEC_EN.pdf

및 사용, 석유와 액화 천연가스의 해상 운송 등과 같은 영역들을 포함시킴으로써 국제에너지헌장 보다 광범위하고 심화된 형태가 되어야 한다.

또한 지역협력 체제는 에너지 부문에서 발생할 수 있는 수많은 분쟁들을 해결할 수 있어야 한다. 이와 더불어 순 에너지 수출국들이 국제법 하에서 순 에너지 수입국들이 누리는 것과 동일한 권리를 누릴 필요가 있다.

동북아시아 에너지 동반자관계를 통해 역내 안정적인 경제 발전을 담보할 수 있을 뿐만 아니라 에너지 자원 시장 내에서 국가간 또는 국가집단 간 대립을 완화시킬 수 있다. 결국 자원에 대한 경쟁적 이해관계의 대립이 지역 내 상당수 영토분쟁의 근저에 자리잡고 있다는 점을 주지할 필요가 있다.

4.2. 원자력 에너지의 평화적 사용에 관한 안보 동반자관계

2014년 8월 15일, 광복 69주년 기념 연설에서 박근혜 대통령은 동북아시아 내의 원자력 안전과 관련된 협의체를 설립할 것을 제안하였다. 이 제안에 따르면 이 협의체의 핵심 임무는 동북아 지역 내 원자력 발전소를 안전하고 위험이 없도록 운용하는 것이다.[9]

9 The Address of the President of the Republic of Korea. // Official Website of the President of the Republic of Korea.URL: http://www1.president.go.kr/news/newsList.php?srh[view_mode]=detail&srh[seq]=6971 (In Korean); South Korea Suggests Northeast Asia Nuclear Safety Group // Reuters. August

이러한 제안은 상당히 시의 적절하다. 동북아시아는 전 세계 원자력 발전 산업계에서 핵심적인 역할을 담당하고 있다. 국제원자력기구(IAEA)에 따르면, 현재 가동되고 있는 전 세계 437기의 원자로 가운데 130기(약 30%)가 동북아시아 지역에 위치한다. "후쿠시마 신드롬"도 이 지역의 원자력 에너지 이용에 영향을 미치지 못했다. 동북아시아는 원자력 에너지 개발 프로그램을 적극적으로 받아들이고 있으며, 현재 건설 중인 전 세계 72개의 동력용 원자로 가운데 47기(약 65%)가 동북아시아에 위치하고 있다.[10]

뿐만 아니라 동북아시아에는 원자력 발전소 수출의 선도주자들이 자리하고 있다. 한국과 러시아는 전 세계 원자력 발전 시장에서 상당한 규모의 점유율을 보유한 국가이다. 러시아는 원자로 시장의 선두주자이며,[11] 한국은 이 시장에서 세 번째 위치를 차지하려고 노력하고 있다.[12] 만약 중국이 수출용 제3세대 원자로 개발에 성공하게 된다면, 다가오는 7-10년 사이에 한국 및 러시아와 경쟁이 발생할 가능성도 배제할 수 없다. 따라서 동북아시아는 향후 전 세계 원자력 발전의 표준을 설정하는데 주요한

15, 2014. URL: http://www.reuters.com/article/2014/08/15/us-nuclear-safety-southkorea-idUSKBN0GF0A920140815

10 IAEA Annual Report 2013 // International Atomic Energy Agency. URL: https://www.iaea.org/sites/default/files/anrep2013_full_0.pdf

11 Nuclear Plants Abroad // Rosatom. URL: http://www.rosatom.ru/aboutcorporation/bild_npp_2/ (In Russian).

12 Nuclear Power in South Korea (Updated August 2015) // World Nuclear Association. URL: http://www.world-nuclear.org/info/Country-Profiles/Countries-O-S/South-Korea/

역할을 할 것으로 보인다.

동북아시아 원자력 안전 협의체에는 중국과 일본, 남북한, 몽골, 러시아와 미국이 참여하는 것이 타당하다. 지리적으로 동북아시아에 위치하지 않은 다른 국가들은 옵서버나 대화상대국으로 참여할 수 있다. 이 원자력 안전 협의체는 원자력 에너지 안보 및 안전 분야에서 기존에 존재하는 국제기구, 협회, 기관들이 수행하는 업무를 그대로 반복하는데 그쳐서는 안 된다. 그와 더불어 핵 안보 이슈에서 오랜 경험을 지닌 국제원자력기구(IAEA)나 세계원전사업자협회(WANO: World Association of Nuclear Operators)와 원자력기구(NEA: Nuclear Energy Agency)가 어떤 형태로 이 협의체에 참여할 수 있을지를 결정해야 한다.

이 협의체의 회원자격은 앞서 언급된 국제기구들의 회원자격이나 그 속에서의 활동들에 의해서만 결정되어서는 안 되며, 핵 안보에 관련된 주요 국제 조약 및 협정에의 참여여부에 의해서 결정되어도 안 된다. 도리어 새로운 협의체의 목표는 원자력 안전에 관한 협약(Convention on Nuclear Safety),[13] 핵 사고의 조기통보에 관한 협약(Convention on Early Notification of a Nuclear Accident),[14] 핵 사고 또는 방사능 긴급사태 시 지원에 관한 협약(Convention on Assistance in the Case of a Nuclear Accident or Radiological Emergency),[15] 사용

13 Convention on Nuclear Safety (adopted June 17, 1994) // International Atomic Energy Agency. URL: https://www.iaea.org/sites/default/files/infcirc449.pdf

14 Convention on Early Notification of a Nuclear Accident (adopted September 26, 1986) // International Atomic Energy Agency. URL: https://www.iaea.org/Publications/Documents/Conventions/cenna.html

15 Convention on Assistance in Case of a Nuclear Accident or Radiological Emergency (adopted September 26, 1986) // International Atomic Energy

후 핵연료 및 방사성폐기물 관리의 안전에 관한 공동협약(Joint Convention on the Safety of Spent Fuel Management and on the Safety of Radioactive Waste Management),[16] 원자력 손해에 있어서 민사책임에 관한 비엔나협약(Vienna Convention on Civil Liability for Nuclear Damage)[17] 등의 국제기구 및 협정과 동일하게 모든 동북아시아 국가들이 완전한 회원자격을 확보하는 데에 있어야 한다.

동북아시아 원자력 안전 협의체를 창설하고자 하는 주체는 반드시 유럽원자력공동체(Euratom: European Atomic Energy Community)와 핵 문제에 특화된 다른 국제기구들의 경험에서 배우고 함의를 도출해야 한다. 그렇지만 유럽원자력공동체는 다음의 두 가지 이유에 의해 새로운 협의체에 완벽히 적합한 모델이라고 보기는 어렵다. 우선, 유럽원자력공동체는 원자력 에너지의 평화적 이용을 위한 참여국들의 연구 프로그램을 조정하기 위한 목적에서 창설되었으며, 안보 문제는 여러 목표들 중 하나에 불과했다는 점에서 한계가 있다. 또한 유럽원자력공동체는 연구, 안전기준 개발, 핵 에너지의 평화적 이용 등 원자력 에너지와 관련된 다양한 주제들을 다루고 있다. 가령, 그 활동 목표들 중 하나는 유럽연합 내에 정기적이고 충분한 광석, 원료 물질,

---

Agency. URL: https://www.iaea.org/Publications/Documents/Conventions/cacnare.html

16 Joint Convention on the Safety of Spent Fuel Management and on the Safety of Radioactive Waste Management (adopted September 5, 1997) // International Atomic Energy Agency. URL: https://www.iaea.org/sites/default/files/infcirc546.pdf

17 Vienna Convention on Civil Liability for Nuclear Damage (adopted May 21, 1963) // URL: https://www.iaea.org/sites/default/files/infcirc500.pdf

특수 핵분열성 물질의 공급을 확보하는 데 있었다.

4.3. 교통·물류 동반자관계

최적화된 운송·물류 인프라는 동북아시아의 통합 프로세스를 발전시키고 높은 수준의 경제성장률을 유지하는데 있어 가장 핵심적인 요소이다. 신뢰할 수 있는 운송·물류 네트워크는 역내의 지속가능한 발전과 경제, 에너지, 식량 및 환경안보를 확보하는데 필수적이다.

동북아시아에는 교통 부문에서도 다자주의 협력 기제가 부족하다. 광역두만강개발계획(GTI: Greater Tumen Intiative) 하에서 몇몇 시도가 이루어졌으나, 현재 참여국은 일본과 북한을 제외한 러시아, 중국, 한국과 몽골에 한정되어 있다는 한계가 있다. 뿐만 아니라 GTI 지역 내 수송로 중 어느 한 곳도 국제적 중요성을 지니지 못하고 있다. 여전히 해당 수송로는 한 국가 내 또는 양자 간 화물·여객 수송을 용이하게 하는 수준에서 국가 단위로 분리되어 존재하는 철도·도로·항만·국경검문소 및 다른 물리적 인프라에 불과한 상태이다. 이 수송로를 통과하는 물류량이 전체 국제수송에서 아주 적은 부분을 차지한다는 점뿐만 아니라 해당 수송로들이 동북아시아 지역 수준에서 연결통로로 활용되지 못하고 있다는 점이 문제이다. 초국경 수송에 대한 다자주의적 정부 간 협정이 부재하고 세관과 다른 관계 당국들 간 업무조정이 제대로 이루어지지 않음에 따라 각국은 영토 내 통관 및 외국 운송수단의 국내 진입에 관한 허가를 위해서 양자 간 협정에 의존할 수밖에 없다.

따라서 아래와 같은 기능을 가진 동북아시아 교통·물류 동반자관계의 창출은 반드시 필요하다.

- 역내 육상·해상·항공 운송 간의 효과적인 상호교류 체계를 확립하고;
- 교통 인프라를 확충하며;
- 운송 중 발생한 긴급상황에 신속하고 조직적인 대응을 취하고 운송 수단 및 시설에 대한 테러를 방지할 수 있는 체제를 마련하고;
- 동북아시아 국가들이 다른 대륙의 시장에 접근할 수 있도록 해 주는 역내 교통·물류 연결망의 다각화를 지원한다.

교통 및 물류 고리의 다각화를 위해 고려해 볼 수 있는 가능한 방안은 러시아의 교통 잠재력을 활용하여 시베리아 횡단 철도와 바이칼-아무르 철도, 러시아와 남북한의 태평양 연안 항구들을 현대화시키는 것과 더불어 새로운 해상 운송로를 개척함으로써 유라시아 교통회랑을 개선하는 것이다. 유럽에서부터 러시아의 극동 항구와 동북아 국가를 연결하는 하나의 해상 경로가 가능하고, 중국의 동북지방과 러시아의 극동 항구들, 한반도와 일본의 항구들, 미국과 캐나다의 서안까지를 연결하는 또 다른 해상로를 고려해 볼 수도 있다. 한편으로는 중국의 동북지방과 러시아의 극동 항구들, 일본과 남북한 및 다른 아시아 국가들의 항구들과 연결하는 경로도 가능할 것이다.

이미 말라카 해협과 수에즈 운하 및 파나마 운하가 포화상태에 이른 상황에서 동북아시아 교통 동반자 기구는 러시아와 함께 북극해 항로의 이용을 검토해볼 수 있을 것이다. 북극해 항로는 북서 유럽의 시장과 아태지역을 연결하는 가장 짧은 경로로, 동아시아와 북미 대륙의 태평양 연안 및 북부 유럽의 항구들 간의 화물 운송을 위해서뿐만 아니라 러시아 북극 지역의 산지로부터 태평양 연안의 소비자에게 화석연료를 공급하는 통로가 될 수 있을 것이다.

동북아시아 지역은 수송 부문 협력에 있어 풍부한 가능성을 지니고 있다. 러시아 운송회랑을 발전시키려는 노력은 최근 시진핑 중국 국가주석이 강조한 일대일로(一帶一路: 실크로드 경제벨트와 21세기 해상 실크로드) 연계될 필요가 있으며, 이는 박근혜 대통령이 제안한 유라시아 이니셔티브와도 유사점이 있다.

아시아 지역 내 인프라 개발과 투자 재원 마련 사이에 존재하는 막대한 간극은 아태지역 경제성장의 주요한 도전과제이다. 따라서 중국의 아시아인프라투자은행(AIIB) 설립에 대한 제안은 많은 국가들에게 환영을 받았다. 최근까지 아시아인프라투자은행에는 러시아와 한국을 비롯하여, 유럽연합의 주요국들(오스트리아, 덴마크, 핀란드, 프랑스, 독일, 이탈리아, 룩셈부르크, 말타, 네덜란드, 폴란드, 포르투갈, 스페인, 스웨덴, 영국)을 포함하는 50여 개국 이상이 참여하고 있다.[18]

18 Members // The Asian Infrastructure Investment Bank. URL: http://aiibank.org/html/pagemembers/

4.4. 식량 안보 동반자관계

투자 및 무역을 촉진시키고 효율적이고 유연한 식량 시장 및 그 인프라를 확보하여 농업과 수산업 분야의 지속가능한 발전을 달성함으로써 역내 식량 안보는 강화될 수 있다. 가격 변동성 문제를 해결하고 투자 자유화 및 농업 분야 혁신을 포함한 식량 공급의 안정성을 확보하기 위한 협력이 절실히 필요한 상황이다.

국가와 민간 부문이 함께 참여할 수 있는 식량 안보 동반자관계는 지역 내 식량 안보를 증진시킬 수 있는 시스템을 구축해 내는 시기적 목표를 대략 2020년 정도까지로 상정해 볼 수 있을 것이다. 이에 더해 다음과 같이 주요 목표들을 설정해 볼 있을 것이다.

- 농업·수산업에 있어서의 생산성을 증대하고;
- 농업 생산과 어획 정보는 물론 식량의 공급과 수요에 관한 정보를 잘 관리하여 그 투명성을 높이고 정보 교류를 활성화하고;
- 시장 인프라를 발전시키고;
- 식량 생산과 수송 과정에서 발생하는 비용 및 손실을 감소시키고, 식량 공급 고리를 창출하고;
- 생태계를 보존할 뿐 아니라 생물 및 야생 자원에 대한 관리와 그 교역에 대한 책임있는 조치들에 대하여 논의하고;
- 식품 안전 기준의 질을 높이면서 동시에 간소화하고;

- 농업 연구를 활성화하고 교육 시스템을 지원하고;
- 기존에 존재하거나 새로운 기술의 발전 및 전파를 촉진하는 것이다.

식량 상황을 모니터링하고 전망할 수 있는 지역적 시스템을 구축하는 것은 식량 안보를 위한 협력을 이끌어내는 유망한 방법 중의 하나이다. 그것은 다음과 같은 사항들을 요구한다.

- 각국의 위성 시스템을 연결함으로써 농업 생산 및 어획 데이터를 취합하고, 그 얻은 데이터를 바탕으로 최적의 공동 대응 조치들을 마련하고;
- 초국경 무역을 증대할 목적으로 지방의 농업 및 식품 시장에서 소규모 생산자들 및 소비자들의 활동을 촉진하고;
- 주요 농·수산물들의 가격 변화 추이에 대한 정보를 상호 즉각적으로 제공할 뿐만 아니라 다양한 수출업자들의 현황 및 예측 가능한 가능성들에 대한 정보를 교환한다.

동북아시아는 해양과 접한 지역이기에 수산물은 역내에서 소비되는 식품 가운데 상당량을 차지한다. 따라서 어류 및 다른 해양 생물들을 인공적으로 번식하고 사육하는 양식업의 경우에는 다양한 국가의 상당한 식량 생산자들(특히 중소규모의 생산자들)이 함께 힘을 합칠 여지가 있다.

비상 상황 발생 시 식량을 지원해야 할 경우에는 고위급 조정 체계가 필요하다. 동북아시아에서는 수천 명의 사람들이 자신들의 생계를 잃게 되는 대규모의 자연 재해가 빈번히 발생한다. 비상사태를 대비하여 인도주의적 지원을 제공하기 위해서는 식량 비축이 반드시 필요하다. 보다 구체적으로 예를 들어 보자면, 동북아시아 국가들은 '아세안+3'가 만든 '동아시아쌀기금'(Asian Rice Fund)을 모델로 하여 '지역곡물기금'(Regional Grain Fund)을 창설하는 방안을 생각해 볼 수 있다.

4.5. 국제 정보 및 사이버 안보 동반자관계

동북아시아 역내의 포괄적 안보 체제를 위해 다루어야 할 또 하나의 부문은 사이버 안보를 포함한 국제적 정보 안보 문제이다. 정보통신기술(ICT)의 급속한 발전과 광범위한 사용으로 인해 중요한 국가 기간시설들이 ICT에 의존하게 되었다. 그 결과 완전히 새로운 위험 요인들이 등장하였고, 이러한 위험은 국제적인 안정과 안보를 위협할 목적으로 ICT가 사용될 가능성과 연결되어 있다. 이는 나아가 무력 불사용과 국내문제에 대한 불개입 그리고 인권과 자유에 대한 손중이라는 국제사회의 원칙들이 훼손할 수 있다.

정보 무기를 개발, 사용, 전파하는 것이 가능해 진 점과 그 결과 발생할 수 있는 정보 전쟁 및 정보 테러리즘에 대한 특별한 우려가 쏟아지고 있는데, 이러한 것들은 대량살상무기에 의한 피해에 필적할 만한 파괴적인 결과를 수반하는 정보 갈등을 야기시킬 수 있기 때문이다.

동북아시아의 경우, 역내 국가들의 거의 모든 사람들이 일상생활 전반에서 광범위하게 사용되는 고급 정보 기술을 보유하고 있기 때문에, 위의 문제를 더욱 중요하게 생각할 필요가 있다. 이러한 상황에서 동북아시아의 국제적 정보 안보를 증진시키기 위한 다자적 레짐을 만드는 것이 주요 도전과제가 되었다. 이 레짐은 각 국가와 여타 국제적 행위자들이 그들이 직접 수행하거나 그들의 관할권 내 영토로부터 만들어진 정보공간 내에서 이루어지는 활동에 대한 책임을 지도록 규제할 수 있어야 한다.

동북아시아 정보 안보 레짐이 기초하고 있는 아이디어는 타국의 정보 네트워크, 정보 시스템, 정보 자산 및 정보 프로세스와 인프라에 대하여 위해를 가하거나, 그 정치, 경제, 사회 시스템을 약화시키거나, 국가와 사회의 불안정을 초래하기 위해 대중 심리를 조작하려는 목적을 가진 정보 공간에서의 어떠한 활동도 의도하지 않겠다는 책임에 관한 것이어야 한다.

동북아시아 나름의 지역 레짐을 구상하는데 있어 참조할 만한 몇 가지 정보 안보에 대한 국제적 및 양자적 협정들이 존재한다. 예를 들면, 비록 오래 전에 만들어져서 최근의 경향을 반영하지 못하며 공격적이면서 차별적인 조항들이 상당 부분 포함되어 있기는 하지만, 2001 유럽 위원회의 사이버 범죄에 관한 협약(부다페스트 협약으로도 알려져 있는)으로부터 그 단초를 얻을 수도 있다.[19] 또 다른 사례로 2010년 러시아-브라질 국제 정보 및 커뮤니

19 Convention on Cybercrime (adopted November 23, 2001) // Council of Europe. URL: http://conventions.coe.int/Treaty/EN/Treaties/Html/185.htm

케이션 안보에 관한 정부간 협정서도 참조할 만하다.[20]

2013년 6월 17일에 발표된 "신뢰구축을 위한 새로운 분야의 협력에 관한 미국과 러시아 대통령의 공동 선언"은 정보통신기술(ICT) 분야도 다루고 있어 특히 주목할 만하다.[21] 이 문건에서는 ICT의 사용으로 야기될 수 있는 정치 및 군사적 문제, 범죄와 테러 위협에 대한 양국 대통령의 공동 인식이 엿보인다. 또한 정보공간에서 러시아와 미국 간에 관계를 강화하고 투명성을 증대하며 신뢰를 구축하기 위한 세 가지 이정표적인 단계적 조치들에 완성에 대해 언급하고 있다. 구체적으로, 첫째, ICT 사용에 있어서 안보에 위협이 될 사건이 발생할 수 있는 잠재적인 위험 상황을 관리하기 위해 고위급 직통전화망을 구축할 것을 제안하였다. 둘째, 양국 정상은 중요한 정보시스템의 더 나은 보호를 위해 각 국의 정보시스템 침해 사고 대응팀 간에 의사소통 채널 수립하고 정보공유를 내용으로 하는 협정 체결을 지향하는 정보 공유 메커니즘을 창설할 것에 동의하였다. 마지막으로, 연설문에서는 긴급한 상황에서 오해와 긴장 확대 및 충돌의 위험성을 감소시킬 수 있는 의사소통을 촉진시키기 위하여

20 Agreement between the Government of the Federal Republic of Brazil and the Government of the Russian Federation on International Information and Communication Security (adopted May 14, 2010) // Cyber Security and the Internet Governance: Documents for Agencies and Experts. M, Statut, 2013. Pp. 237-245 (In Russian).

21 Joint Statement by the Presidents of the United States of America and the Russian Federation on a New Field of Cooperation in Confidence Building (issued June 7, 2013) // The White House. URL: https://www.whitehouse.gov/the-press-office/2013/06/17/joint-statement-presidents-united-states-america-and-russian-federatio-0

향후 러시아 및 미국의 핵위기감축센터(Nuclear Risk Reduction Center)들 간의 직통 통신망을 사용할 수 있을 것으로 예측하고 있다. 위 합의에는 양국이 교류할 정보의 양과 수준 및 형식이 명확히 제시되어 있다.

5 결론 및 제언

1. 동북아시아 안보에 대한 도전과제들은 다양한 측면을 지니고 있다. 따라서 동북아시아 국가들은 포괄적인 지역 안보 아키텍처를 형성하기 위해서 다음의 두 가지 서로 연관된 분야에서 반드시 공동의 노력을 기울여야 한다. 하나는 한반도 분단상황을 해결하는 것이고, 다른 하나는 동북아시아 내 공동의 안보 체제를 창설하는 것이다.

2. 한반도 문제는 동북아시아 내에서 군사적으로 가장 위험한 잠재적 위협 요인이 된다는 점에서 시급한 관심을 요한다. 한반도 핵 문제가 다루어져야 할 뿐만 아니라 60년 간 지속되어 온 두 개의 한국 사이의 갈등과 대립을 종식시키기 위한 남북관계의 정상화 경로들도 탐색될 필요가 있다. 이를 위해서는 다음 두 가지의 도전과제가 동시에 다루어져야 한다. 첫째는 북한 핵 무기 프로그램을 동결시키고 비가역적으로 해체시키며, 북한을 국제원자력기구의 보호조치 하에

서 핵비확산조약(NPT) 체제로 복귀시키도록 하는 방안을 모색하고, 둘째는 한반도 내 정치적 긴장을 완화하고 한국과 북한 그리고 역내 다른 국가들 사이의 관계를 정상화 및 발전시키는 방안을 모색하는 것이다.

3. 한반도 핵 문제는 지난 2003년부터 2008년까지 남북한과 중국, 미국, 러시아, 일본이 참석한 가운데 개최된 6자회담의 재개를 통해 다루어져야 한다. 2005년 9월 19일에 발표된 6개 당사국의 공동성명은 한반도 비핵화와 역내 상황 전반을 개선시키는데 필요한 건설적 기초를 포함하고 있다.

4. "한반도 문제"가 40년 간의 침묵을 깨고 다시 유엔에 안건으로 상정된다면 한반도에 평화가 정착할 기회의 창이 열릴 수도 있다. 한반도 문제를 해결할 평화 회의는 유엔총회와 유엔안보리 5개 상임이사국, 당사국인 남북한, 두 개의 한국과 동시에 관계를 맺고 있는 국가들이 동시에 참여하는 가운데 개최될 필요가 있다.

5. 남북한은 1953년 한국전쟁 휴전협정을 대체하는 평화 협정 또는 다른 형태의 문건 – 헌장 혹은 선언 -에 조인해야 한다. 유엔안보리 5개 상임이사국은 양국 간의 협약한 사안이 제대로 이행되는지를 보장하는 역할을 수행할 필요가 있다.

6. 한반도 문제를 해결함과 동시에 동북아시아는 지역 전체를

포괄하는 지역 안보 아키텍처를 창출해내려는 노력을 기울여야 한다. "한반도 문제"와 더불어 지역 안보체제를 만드는데 있어 핵심적인 장애물은 상호 신뢰가 부족한데 있다.

7. 신뢰가 바탕이 된 관계를 형성하기 위해서 동북아시아 국가들은 공동의 이익을 위한 의제들에 대한 대화를 발전시킬 수 있다. 이를 위해 고려해 볼 수 있는 바람직한 방안으로는 다음과 같은 안보의 구체적인 측면을 다루는 총체적 지역 동반자관계 또는 공동체를 창설하는 것이 될 수 있다.
   - 에너지 안보
   - 원자력 에너지 분야의 안전
   - 교통·물류 안보
   - 식량 안보
   - 사이버 안보를 포함한 국제 정보 안보

8. 위와 같은 분야에서의 동반자관계를 통해 더 포괄적인 역내 평화, 발전, 안보와 같은 문제를 논의할 수 있도록 점진적인 변화를 이끌어갈 수 있을 것이며, 궁극적으로는 동북아시아의 포괄적인 안보 체제를 건설할 수 있을 것이다.

9. 동북아시아 내의 협력에 기반하여, 한국과 러시아는 최근 몇 년 간 역동적인 경제적 및 지정학적 변화를 겪고 있는 유라시아 대륙에서 협동할 수 있는 다양한 방법을 찾고 협력할 수 있는 기반을 공고히 다질 수 있을 것이다.

2015년 한국과 러시아는 양국 간 수교 25주년을 기념하게 되었다. 이 기간 동안에 많은 성과도 있었지만, 동북아시아의 전통적인 안보 위협과 새로운 안보위협을 다루기 위한 양국 간의 가능성은 아직 충분히 발굴되고 있지 못한 채로 남아 있다. 서울대학교러시아연구소(IREEES_SNU)와 러시아국제관계위원회(RIAC)가 공동으로 기획한 이 분석보고서를 통하여 한국 및 러시아 전문가들은 양국의 국익에 기초하여 포괄적인 안보를 다루는 지역안보 체제에 대한 그들의 비전을 제시하고 있다. 동북아시아의 새로운 안보체제를 구축하기 위한 작업은 에너지 안보, 핵 안전, 교통 안보, 식량 안보 및 국제정보 안보 등과 같은 구체적인 안보 이슈에 대한 다자적 파트너십을 형성하는 데서부터 시작되어야 한다.

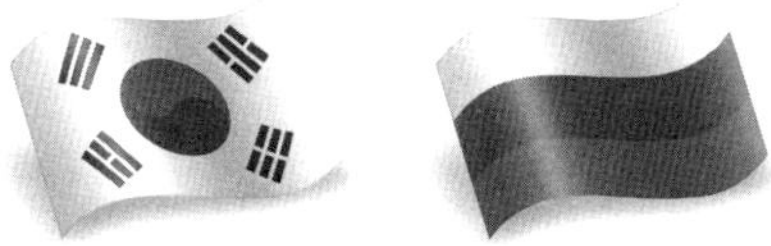

본 공동보고서에 제시된 관점과 의견은 양국 정부는 물론 서울대 러시아연구소나 러시아국제관계위원회의 것은 아니라는 점을 밝힙니다.

저자 소개

신범식 _ 정치학 박사, 서울대학교 정치외교학부 교수, 서울대 러시아연구소장.

하용출 _ 정치학 박사, 미국 와싱톤주립대학 헨리 잭슨 국제학 대학 교수,
서울대 겸임교수.

서동주 _ 정치학 박사, 국가안보전략연구원 책임연구위원.

성원용 _ 경제학 박사, 인천대학교 경제통상학부 교수.

권원순 _ 경제학 박사, 한국외국어대학교 경제학과 교수.

김현택 _ 문학박사, 한국외국어대학교 러시아어과 교수, 한국외대 러시아연구소장.

글렙 이바셴쪼프 _ 전 주한 러시아 대사, 러시아국제관계위원회 멤버.

유리 두비닌 _ 역사학 박사, 모스크바국제관계대학 국제관계·러시아대외정책학과 교수.

타기르 후지야토프 _ 경제학 박사, 극동연방대학 세계경제학과 교수.

크세니아 쿠쉬키나 _ 스콜코보 에너지시스템센터 아시아에너지환 프로젝트 책임자.

알렉산더 마스쩨파노프 _ 경제학 박사, 에너지정책·안보분석센터장,
러시아과학아카데미 산하 석유가스연구소 부소장.

세르게이 포드코발니코프 _ 공학 박사, 러시아과학아카데미 시베리아 지부 산하 멜렌티예프 에너지시스템 연구소 연구실장.

나탈리아 스타프란 _ 역사학 박사, 모스크바국제관계대학 동방학과 부교수, 러시아 APEC연구센터장.

안드레이 수민 _ 법학 박사, 러시아과학아카데미 산하 석유가스연구소 에너지 정책 및 안보 분석센터 선임연구원.

스베틀라나 수슬리나 _ 경제학 박사, 국제관계대학 세계경제학과 교수, 러시아과학아카데미 산하 극동문제연구소 주임연구원.

게오르기 톨로라야 _ 경제학 박사, 루스키미르 재단 지역프로그램 책임자, 러시아 BRICS연구 국가위원회 실행위원장.

알렉산드르 보론쪼프 _ 역사학 박사, 러시아과학아카데미 산하 동방학연구소 한국몽골연구부장.

니콜라이 보로파이 _ 공학 박사, 러시아과학아카데미 회원, 러시아과학아카데미 시베리아 지부 산하 멜렌티예프 에너지시스템 연구소장.

PART
I

Security and Cooperation in Northeast Asia

The South Korean-Russian Experts Joint Paper

Beom Shik Shin, Gleb A. Ivashentsov *et.al.*

Foreword from IREEES, SNU

Northeast Asia has been changing dramatically in recent years. With China rising and the US pivoting towards Asia, their competition and cooperation have been constructing a fundamental axis of regional politics, along with Japan's progress toward the so-called "normal state" is also bringing forth much backlash. Russia, which had experienced a severe weakening of power in the 1990s, has since returned to a position of major power in the 2000s and has been experiencing much inconvenience with the Western world. Russia now puts in a lot of effort towards entering Northeast Asia that has been becoming a new center of world politics and economy. In addition, North Korea's continuation of nuclear and missile program and their unpredictability that undermines the expectations of developing relationships with the outside world make the Northeast Asian political environment even more complicated.

This year South Korea and Russia has celebrated the 25than niversaryofdiplomaticrelationshipafterhavingestablisheditin1 990.Therelationsofthetwocountrieshaveexperiencedarapidde velopment,heighteningexpectationsinthe1900s,whichsoontur nedintoarapidcoolingofrelations,thenvariouseffortsweremad einthe2000sinanattempttoimprovetherelationsthat had came to a state of lull, reaching a level of "strategic cooperative partnership" as desired by both in 2008. However, it is difficult to agree that the two countries have reached a true "strategic cooperation" level after evaluating their relations from the perspectives of strategic communication, strategic coordination, and fulfillment of strategic projects.

It has become increasingly important to create a regional security cooperation mechanism that would stabilize the rapidly changing Northeast Asian environment and achieve common prosperity. In recent years, increasing attention has been given to soft security cooperation, as the structure of Northeast Asian regional politics has been significantly restricting hard security cooperation. Regarding the soft security cooperation, Russia can provide various opportunities to Northeast Asia, and South Korea has expressed its deep interest in the idea of fostering Northeast Asian peace through soft security cooperation in the

"Northeast Asian Peace and Cooperation Initiative."

Thus, some civilian experts of South Korea and Russia have been exploring a common project for the possible security cooperation in this region. This project has originally been initiated as a form of a joint project in the process of the regular and occasional exchanges and opinion sharing since 2010 between the Center of International Studies and the Institute for Russian, East European, and Eurasian Studies at Seoul National University on the one hand and the Eurasia Foundation and the Russian International Affairs Council on the other. There have been a countless number of meetings on South Korean-Russian relations and strategic cooperation among many experts of both countries in the past 25 years. However, it is true that the two sides had heavily focused on expressing their own ideas and opinions and did not give much weight and consideration to what the other side had to say. Thus, this paper has been created within a framework of a joint project among the experts from each country while considering what the South Korean-Russian strategic cooperation can contribute towards Northeast Asian security. It is true that there will be aspects where the positions of the two sides will not be completely aligned. However, this joint paper is noteworthy and worthwhile in the fact that the authors have tried to develop it as a platform to explore and examine positions that could be accommodated and accepted by both sides.

Through such experience, it is hoped that the experts of both countries continue to conduct joint research on various security cooperation issues that are discussed in this paper in the near future. It is possible and quite natural that there will be a difference in positions of such civilian experts and the government themselves. Some aspects of this paper even hold a somewhat controversial character. However, through such joint efforts, it is possible to showcase the certain areas where the two countries – and other Northeast Asian countries in extension – would face conflicts of interest and differences in opinions, to examine whether compromise and concession would be possible, to find a way to achieve a higher degree of strategic cooperation, and hopefully to contribute in achieving peace and common prosperity in Northeast Asia.

Finally, I would like to express my heartfelt gratitude towards the South Korean colleagues and Russian experts including Ambassador Gleb Ivashentsov for the enthusiasm and passion they showed in the joint project despite their busy schedules. Without their time and effort, such an achievement would have been impossible. I would also like to thank all of the supporters who expressed their interest in this project for their candid critiques and constructive feedback regarding this joint paper that helped us improve and advance it further.

We hope that this joint paper, a joint achievement of South Korean and Russian civilian experts, would successfully contribute in the advancement and improvement of Northeast Asian security.

On behalf of the South Korean experts group,

Beom Shik Shin

Director of the Institute for Russian, East European, and Eurasian Studies at Seoul National University

Foreword from RIAC

Russia and South Korea may be geographically close countries, but their relations during the 20th century were quite intricate. Diplomatic relations between the two countries were established just 25 years ago in September1990. Much has been accomplished since then. Today, Russia and South Korea cooperate in almost every sphere of human activity, from applied medical sciences to space exploration. And there seems to be a kind of national consensus in both countries that strategic partner relations need to be developed.

The paper titled "Security and Cooperation in Northeast Asia" is the first document prepared jointly by the experts of the Russian International Affairs Council (RIAC) and Seoul National University (SNU). The joint work proceeded from the fact that to form a strategic partnership Russia and South

Korea should not only strengthen cooperation in bilateral affairs, but also join efforts to resolve pressing regional and global problems – in particular with regard to reducing tensions in Northeast Asia.

Russia and South Korea are both interested in eliminating the military threat in the region, which has been brought about primarily by the 60-year standoff between North and South Korea and has been made all the more complicated by the nuclear issue. What is more, the two Koreas, Russia, China, Japan and the United States converge in terms of their security interests in Northeast Asia. Existing security structures in the region are in dire need of modernization. They were formed during the Cold War at a time of confrontation between the United States and the Soviet Union and thus do not anymore reflect both the new balance of power in the region and the current regional and global threats.

Of course, we have not seen eye to eye with our South Korean colleagues on every issue. But it is natural. Historically, Russia and South Korea have had different traditional allies and strategic partners, which certainly had an effect on how the two countries approach certain problems.

But we did agree on the main issues – that, for instance,

the resolution of the North Korean nuclear question can be started from the normalization of relations between the two Koreas. Concrete proposals were made on how to proceed in both of these areas, and a list of measures that could help restore the Six-Party Talks on the North Korean nuclear weapons programme was presented. It was stressed that bringing Pyongyang out of political isolation and making it a fully fledged participant in international affairs would benefit everyone in Northeast Asia. Both sides spoke in favour of putting the "Korean question" back on the UN agenda and having the United Nations hold a peace conference on the matter. It was noted that the two Koreas should be the parties to a peace treaty, or other document that could replace the 1953 Armistice Agreement and that the five permanent members of the UN Security Council could act as guarantors that the parties fulfil their obligations under the treaty.

We also agreed that work on building a comprehensive regional security architecture in Northeast Asia should begin with the formation of regional partnerships on specific soft security issues, i.e. energy security, nuclear safety, transport security, food security and international information security. We put forward concrete proposals for partnerships in these areas. We believe that creating such partnerships would allow us to move gradually to the discussion of broader issues concerning peace, development and security in the region and, ultimately, to the creation of a comprehensive security system in Northeast Asia.

International relations in the modern world carry such a level of responsibility that they can no longer be the exclusive domain of governments. Experts in the fields of science, culture, technology and business should make their voices heard. I am confident that the governments of our two countries will take note of the views expressed in the joint paper by RIAC and IREEES, SNU and take the necessary actions.

On behalf of the Russian experts group,

Gleb Ivashentsov

Former Ambassador Extraordinary and Plenipotentiary of Russia,
Member of RIAC

1

Northeast Asia: Security Threats and Challenges

Northeast Asia is the most dynamically developing geopolitical space in the world today. The center of gravity of both the world economy and global politics is gradually shifting to this region, and it is largely here that the future worldwide developments are being determined. Rapid economic growth has already transformed Northeast Asia into a global center of production, distribution, and demand, the main holder of gold and forex reserves, and a global investor. The most futuristic science and technology projects can be found here. Modernization models for the social and political order are developed and tested here, based on a mix of traditional Western democratic forms of governance and local political cultures.

However, Northeast Asia has accumulated considerable

potential for conflict. Political rivalry and struggles over spheres of influence are on the rise. There is obvious tension in the finance sector. Armed forces are being built up. The region is home to six of the ten largest armed forces in the world (China, the United States, North Korea, Russia, Japan, and South Korea) and three of those countries (the US, Russia, and China) already possess nuclear weapons while North Korea is developing nuclear weapons.

Traditional threats, including the conflict on the Korean Peninsula, territorial disputes, and the Taiwan problem, can be augmented by the issue of energy security. New threats such as terrorism, transnational crime, drug trafficking, environmental and natural disasters, and man-made catastrophes threaten the social stability in the region.

The simultaneously interdependent and competing relations between the US and China are having a significant impact on the situation in Northeast Asia. Washington sees the growing rise of China as a challenge. To respond to that challenge, the US is building an entire set of measures generally categorized under its "return to Asia Pacific strategy." The prospects of the relations between Beijing and Washington settling their differences are still unclear in terms of both timeline and content. If the tendency for confrontation in Chinese-American relations prevails, other countries in the region will be forced to choose between expanding their economic partnerships with China and developing political-military cooperation with the US.

The ever-growing security challenges and threats in Northeast Asia directly affect the interests of Russia and South Korea. Geography has fated the two countries to work together to solve many common problems. Russia has returned to the global arena as a strong state, and its involvement is critical for addressing significant international issues, South Korea has turned into an industrial and commercial world power that seeks to establish itself as an influential independent player on the foreign policy field.

During high-level meetings over the past several years, Russian and South Korean leaders have repeatedly voiced their shared opinion that the challenges facing mankind are global and that, therefore, the only effective response will be one implemented through joint efforts by the entire international community.[1]

---

1 Joint Statement of the Russian Federation and the Republic of Korea (issued November 13, 2013) // Official Website of the Ministry of Foreign Affairs of the Republic of Korea. URL: http://www.mofa.go.kr/webmodule/htsboard/template/read/korboardread.jsp?typeID=24&boardid=11781&tableNata=TYPE_KORBOARD&seqno=7453 (In Korean);
Press Statement following the Meeting with the President of the Republic of Korea Lee Myung-bak (issued November 10, 2010) // Official Website of the President of the Russian Federation. URL: http://kremlin.ru/events/president/transcripts/9476 (In Russian).

Historically, Russia and South Korea have different circles of traditional allies and conduct different international dialogues. However, this should not prevent them from bringing their bilateral ties to a new level – a strategic partnership. This partnership can be seen as one cell in the multi-polar global community, where, despite all their differences, countries can work together to build a more democratic, just, and therefore safer world order, based on equality and mutual respect for interests.

A Russian – South Korean partnership is valuable primarily because it can facilitate the creation of a balanced multilateral security system in Northeast Asia. It is an urgent imperative to establish that system. Northeast Asia's existing security architecture was created during the Cold War in the context of the US-Soviet conflict. It does not fit into the current configuration of power forces in the Asia-Pacific region, nor is it up to the task of addressing global and regional threats.

There is no doubt that a Northeast Asian security system should include all the states that are geographically related to that region, i.e. China, Japan, North Korea, South Korea, Mongolia, and Russia, as well as the US, which, albeit not geographically part of the region, has vital security interests there.

Russia, like China, has an objective interest in the US presence in Asia and in cooperating with it, albeit naturally not as part of a US-centric system. Washington's self-proclaimed "return" to Asia is a suitable moment to launch a substantive discussion on this topic.

A key principle of Northeast Asia's comprehensive security system should be the rejection of the confrontational Cold War mindset. Containment should be replaced with engagement, the non-use of force or threat of force, equality, and openness. From a strategic point of view, Northeast Asia can enjoy maximum stability and dynamism if the interests and ambitions of all players are clearly expressed and understood by all the other players. A reliable, mutually beneficial balance of power cannot be built on the basis of weakness and discontent.

2

The North Korean Nuclear and Missile Program and Inter-Korean Normalization

The more than 60-year confrontation between South Korea and North Korea, which has been aggravated by the Korean Peninsula nuclear question, is the most acute security issue and the chief military threat in Northeast Asia. It needs to be understood that the resolution of the Korean Peninsula nuclear question should go along with inter-Korean normalization. Two tasks need to be addressed at once: 1) freezing and subsequently dismantling North Korea's nuclear weapons program and bringing the country back into the Non-Proliferation Treaty (NPT) under International Atomic Energy Agency (IAEA) safeguards, and 2) defusing political tensions on the Korean Peninsula and developing relations between North Korea and South Korea and other countries in the region.

The "Korean qucstion" arose during the Cold War, and the

end of the Cold War paved the way to answering it. Moscow made the first move by establishing diplomatic ties with South Korea in 1990. South Korea and North Korea were accepted into the United Nations, and China followed Russia by opening an embassy in Seoul in 1992. However, the US and its allies did not recognize North Korea at the time.

New hopes that the problem could be solved emerged after Seoul proclaimed its so-called "Sunshine Policy" towards North Korea. This policy entailed addressing the considerable backlog in contacts – primarily trade and economic – between the two Koreas throughout the first decade of this century. There was good reason to believe that the ideas behind the Kaesong Industrial Park, which combined the two systems of management, would gradually spread throughout the entirety of North Korea, thus establishing a basis for the economic integration and subsequent political unification between the two states. Unfortunately, the inter-Korean rapprochement failed.

In 2003-2008, the Six-Party Talks were held among the two Koreas, China, the US, Russia, and Japan to find a peaceful solution to the Korean Peninsula nuclear question. The joint statement issued by the six parties on September 19, 2005[2]contained a constructive basis for moving towards not

2 Joint Statement of the Fourth Round of the Six-Party Talks (issued September

only ensuring the denuclearization of the Korean Peninsula, but also improving the general situation in the region. Not all the parties to the talks, however, were ready to put the agreements into action. Soon afterwards, Pyongyang tested its nuclear weapons three times.

However, there is still hope of resurrecting negotiations in the six-party format. All six parties need to exercise restraint and common sense when fulfilling the UN Security Council resolutions on the nuclear question of the Korean Peninsula,[3] and they should urge their partners in the West and the East to do the same. There is no place for an unreasonably broad interpretation of the sanctions listed in those resolutions. It is of utmost importance to avoid any action that could exacerbate the tensions surrounding the Korean Peninsula. Removal from isolation, socio-economic growth, and the opportunity for North Korea to become a full member of the international community could only benefit all the countries in Northeast Asia. A North Korea that feels relatively secure and confident is a much more reliable negotiating partner on

---

19, 2005) // U.S. Department of State. URL: http://www.state.gov/p/eap/regional/c15455.htm

3 UN Security Council Resolutions 825 (1993), 1540 (2004), 1695 (2006), 1718 (2006), 1877 (2009), 1874 (2009), 1874 (2009), 1928 (2010), 1928 (2010), 2094 (2013), 2087 (2013), 2141 (2014), 2207 (2015) // United Nations Security Council. URL: http://www.un.org/en/sc/documents/resolutions/

any given topic than a North Korea that is cornered under the weight of sanctions.

The following measures could help restore the Six-Party Talks process:

- a statement of commitment by the six parties to promote lasting peace and stability in Northeast Asia;
- a statement by the US and North Korea of general willingness to respect each other's sovereignty, to peacefully coexist, and to take steps aimed at normalizing bilateral relations;
- a statement of consent by the six parties to develop a compromise formula that would give North Korea the opportunity to implement peaceful nuclear programs, including to create a light water reactor, in the future;
- a declaration by the six parties adopting the consensus principle for implementing their agreements – "commitment for commitment, action for action."

Russia has consistently supported the idea of building bridges between the two Koreas. Normalization of the inter-Korean relations would undoubtedly be facilitated by putting the following large Russian – South Korean – North Korean partnership projects into practice: the international rail corridor from Europe to Korea, the construction of a Russia – North Korea – South Korea gas pipeline, and the creation of a unified energy system in Northeast Asia, which includes regions in East Siberia and the Russian Far East.

Since the military hostilities in the Koreas ended more than 60 years ago, there has been a ceasefire regime in place – but no peace – between the two states. Peace might stand a chance on the Korean Peninsula if the "Korean question" were put back on the UN agenda after a 40-year hiatus. After the XXX session of the UN General Assembly passed two opposing resolutions on this question in November 1975[4] – one resolution supported by 59 countries (including the US) and the other by 54 countries (including the USSR) – the topic of a peaceful solution in the Koreas was completely removed from the agenda.[5]

A peace conference dedicated to the Korean Peninsula could be held covering a variety of topics such as achieving peace; establishing diplomatic ties between North Korea and South Korea, the US, and Japan, respectively; denuclearizing

---

4 United Nations General Assembly Resolution 3390 (XXX): passed at the 2409th plenary meeting on November 18, 1975 // United Nations. URL: http://daccess-ods.un.org/TMP/5659647.58396149.html

5 Voting Records (A/RES/3390(XXX)A-B) // Official Website of the General Assembly of the United Nations. URL: http://www.un.org/en/ga/documents/voting.asp

the Korean Peninsula; reducing arms and armed forces; developing economic cooperation between the two Koreas, and offering economic aid to Pyongyang. The conference could bring together the UN Secretary General; the five permanent members of the UN Security Council; South Korea and North Korea as well as possibly some other states on the mutual agreement of both Korean states. Obviously, that idea would not immediately be accepted. But the proposal to conduct Six-Party Talks on the North Korean nuclear question was not immediately accepted, either.

The peace treaty or other type of document – charter or declaration, for example – that aims to eventually replace the 1953 Korean Armistice Agreement should be more than just a non-aggression pact between the parties to the Korean War. It should be a much more ambitious partnership document that turns North Korea from a rogue state into a full participant in international relations and a recipient of aid from international monetary and financial organizations. Both the Koreas must be parties to that peace treaty. The five permanent members of the UN Security Council would act as guarantors for the parties to adhere to their commitments.

3

Trust: the Basis of Security

The key obstacle standing in the way of a Northeast Asian security system is the lack of mutual trust. Trust is impossible without a dialogue on specific issues of mutual interest. In general, the best way to reduce tension between neighboring countries and to create trust-based relations is to implement joint, mutually beneficial, large-scale, long-term economic projects. Europe acquired that experience in the late 1960s and early 1970s. By signing agreements to lay pipelines from the Soviet Union to Western Europe, and by involving Western European companies in the construction of large industrial facilities in the USSR, the Soviets and Europeans were able to lessen the mistrust engendered by the Cold War and pave the way for political détente in Europe. The latter culminated in the 1975 Conference on Security and Cooperation in Europe in Helsinki and the subsequent creation of the OSCE. Naturally, it is hardly reasonable to blindly superimpose Europe's 40-year-old experience onto Northeast Asia, but the region certainly can and should learn something from that experience.

In 2013, South Korean President Park Geun-hye proposed the idea of initiating multilateral talks on peace and cooperation in Northeast Asia that would focus on less contentious issues. The purpose was to gradually foster mutual trust between the parties, thus preparing them to transition to addressing the wider issues of peace, development, and security in the region.[6]

That is a logical approach. The foundation has to be laid before a building can be built. For the "building" of Northeast Asian regional security, that foundation could be a network of partnerships aimed at addressing specific areas of security that are common to the countries in the region. Despite their diverse military and political interests, the Northeast Asian countries are united by shared concerns for energy, transport, food, and cyber security, as well as the safe and peaceful use of nuclear energy. Legally binding regional

6 Northeast Asia Peace and Cooperation Initiative // Ministry of Foreign Affairs of the Republic of Korea. URL: http://www.mofa.go.kr/ENG/North_Asia/res/eng.pdf

partnerships or sector-based communities would ultimately create the conditions to move towards a comprehensive security system in Northeast Asia. It is worth remembering that the foundation of the European Union was laid in 1950 with the creation of the European Coal and Steel Community.

4

Forming a Network of Regional Partnerships in Northeast Asia

4.1. Energy Security Partnership

International policy today is largely guided by the competition for access to energy resources. This is completely true for Northeast Asia. Despite their diverse military and political interests, all the regional players share common deep interest in their energy security.

The energy landscape in Northeast Asia is a set of markets that are isolated from and interact very little with each other. There is no deep regional cooperation to speak of. This fact occasionally prompts individual states to take unilateral action without considering the interests of their neighbors, and it generates conflicts over resources. The problem is particularly acute because unlike Europe and North America, the Northeast Asian countries (except Russia) do not have strategic oil and natural gas reserves. This lack of cooperation not only does nothing for the stability of the region's energy security, but it also has a negative influence on the entire global economy. For example, China started to experience a shortage of imported oil for the first time in 2007. By June 2008, that shortage had driven up petrol and diesel fuel prices at world energy exchanges by an average of 18%.

Rapid growth of the Asian economies is also fuelling rising demand for natural gas. Northeast Asia's willingness to make greater use of natural gas gives rise to a whole host of economic, political, and security problems. Despite rising gas production and new technology (shale gas), it is becoming clear that not all the Asian countries are capable of satisfying their rising gas demand with domestic supplies. For that reason, gas will inevitably have to keep flowing from two sources: 1) pipelines from Russia and Central Asia and 2) liquefied natural gas delivered by sea.

The electric power industry poses its own set of issues. Countries generate a considerable amount of electricity at coal-fired power plants, but regional power grids even in individual countries operate autonomously and are not interconnected.

Many elements of energy cooperation that are well

established in other regions – primarily in the framework of multilateral cooperation – are underrepresented in Northeast Asia. Northeast Asia has no multilateral energy dialogue and no energy summits to speak of. It has yet to draft or adopt a single multilateral document at even the lowest level (such as a declaration of intentions), not to mention documents like the partnership and cooperation agreement signed between Russia and the EU.[7]

All of this indicates the need for establishing a Northeast Asian Comprehensive Energy Partnership. That partnership would coordinate the following items: the energy policies of the countries in the region, the quantities and terms of energy supplies, projects aimed at developing energy transport infrastructure, energy conservation programs, and programs to improve renewable energy sources. The purpose of the partnership would be to ensure:

- the fulfillment of the region's energy needs (hydrocarbons, electricity, fuel for nuclear power plants, etc.), coupled with environmental protection;

7 Agreement on Partnership and Cooperation Establishing a Partnership between the European Communities and their Member States, of one part, and the Russian Federation, of the other part (signed June 24, 1994) // European Commission. URL: http://trade.ec.europa.eu/doclib/docs/2003/november/tradoc_114138.pdf

- the regulatory consolidation of uniform rules for setting tariffs on energy sources and for state regulation of these tariffs, with an exhaustive listing of the grounds;
- the speedy and successful resolution of any oil and gas supply emergency in Northeast Asia;
- the creation of strategic oil and gas reserves in the region, which will keep the Northeast Asian energy market stable and predictable;
- compliance with unified environmental norms and safety standards at an international legal level;
- the fulfillment of energy conservation programs and programs to improve renewable energy sources;
- reliable guarantees of large-scale investment in new energy projects, particularly those involving natural gas liquefaction and shale gas production;
- the security of land and sea routes for energy resource deliveries, as reliable transit is a key element of energy security.

Both the mutual exchange of energy business assets between suppliers and consumers and the creation of international consortiums to implement large energy projects of interregional significance could serve as important architectural elements of a Northeast Asian Energy

Partnership.

Certain principles in the International Energy Charter[8] could be applied to that partnership; for example, access to energy resources and their production, access to markets, trade liberalization in the energy sector, and incentives and protection for investment. At the same time, the content of that partnership should be broader and deeper than the Charter, which, for example, does not touch upon the spread of nuclear technology and its use or oil and liquefied natural gas transport by sea, noting that these issues are governed by the national laws of the participating countries.

A regional system is needed that can resolve the numerous conflicts in the energy sector. At the same time, net energy exporters should be given the same treatment under international law as that enjoyed by net energy importers.

Not only would a Northeast Asian Energy Partnership ensure stable economic development in the region; it would also alleviate confrontations between states or groups of states on the energy resource market. After all, competing interests over resources are the root cause of a number of territorial disputes in the region.

---

8 International Energy Charter (signed May 20, 2015) // International Energy Charter. URL: http://international.energycharter.org/fileadmin/DocumentsMedia/Legal/IEC_EN.pdf

4.2. Partnership on Security in the Peaceful Use of Nuclear Energy

In the address on August 15, 2014 – the 69th anniversary of Korea's independence – South Korean President Park Geun-hye proposed creating a consultative body for nuclear safety in Northeast Asia. According to her plan, the consultative body's main duty would be to make sure that the region's nuclear power plants operate safely and securely.[9]

This is a very timely proposal. Northeast Asia plays a key role in the global nuclear power industry. According to the IAEA, 130 (or 30%) of the world's 437 operational nuclear reactors are located in Northeast Asia. "Fukushima Syndrome" has had no bearing on the development of nuclear energy in the region. Northeast Asia is actively rolling out new nuclear energy development programs. Of the 72 nuclear power reactors currently under construction, 47 (or 65%) are in Northeast Asia.[10]

---

9 The Address of the President of the Republic of Korea. // Official Website of the President of the Republic of Korea.URL: http://www1.president.go.kr/news/newsList.php?srh[view_mode]=detail&srh[seq]=6971 (In Korean); South Korea Suggests Northeast Asia Nuclear Safety Group // Reuters. August 15, 2014. URL: http://www.reuters.com/article/2014/08/15/us-nuclear-safety-southkorea-idUSKBN0GF0A920140815

10 IAEA Annual Report 2013 // International Atomic Energy Agency. URL: https://www.iaea.org/sites/default/files/anrep2013_full_0.pdf

Northeast Asia is also home to some of the leading exporters of nuclear power plants. Russia and South Korea occupy a significant share of the world nuclear power plant market. Russia is a leader on the world nuclear reactors market,[11] and South Korea is striving for the third place on it.[12] If China develops a third-generation reactor for export, it might pose some competition to Russia and South Korea in the coming seven to ten years. Therefore, Northeast Asia may have a major hand in setting the standards for future nuclear power plants around the world.

China, Japan, the two Koreas, Mongolia, Russia, and the US would participate in the Northeast Asian Nuclear Safety Consultative Body. Other countries might be included as observers or dialogue partners. The nuclear safety consultative body should not duplicate the work of existing international organizations, associations, and agencies that work on nuclear security and safety. At the same time, it will be necessary to determine how representatives of the IAEA, the World Association of Nuclear Operators (WANO), and the Nuclear Energy Agency (NEA), which have a wealth

11 Nuclear Plants Abroad // Rosatom. URL: http://www.rosatom.ru/aboutcorporation/bild_npp_2/ (In Russian).

12 Nuclear Power in South Korea (Updated August 2015) // World Nuclear Association. URL: http://www.world-nuclear.org/info/Country-Profiles/Countries-O-S/South-Korea/

of experience in nuclear security, will participate in that consultative body.

Membership in the proposed consultative body should not be conditioned by membership in the aforementioned international organizations or by participation in their activity in any form; nor should it be conditioned by participation in key international treaties and agreements on nuclear security. However, the new group's objectives should include ensuring full membership for all the Northeast Asian countries in international organizations and agreements like the Convention on Nuclear Safety,[13] the Convention on Early Notification of a Nuclear Accident,[14] the Convention on Assistance in the Case of a Nuclear Accident or Radiological Emergency,[15] the Joint Convention on the Safety of Spent Fuel Management and on the Safety of Radioactive Waste Management,[16] and the Vienna Convention on Civil Liability

---

13 Convention on Nuclear Safety (adopted June 17, 1994) // International Atomic Energy Agency. URL: https://www.iaea.org/sites/default/files/infcirc449.pdf

14 Convention on Early Notification of a Nuclear Accident (adopted September 26, 1986) // International Atomic Energy Agency. URL: https://www.iaea.org/Publications/Documents/Conventions/cenna.html

15 Convention on Assistance in Case of a Nuclear Accident or Radiological Emergency (adopted September 26, 1986) // International Atomic Energy Agency. URL: https://www.iaea.org/Publications/Documents/Conventions/cacnare.html

16 Joint Convention on the Safety of Spent Fuel Management and on the Safety of Radioactive Waste Management (adopted September 5, 1997) //

for Nuclear Damage.[17]

The creators of the Northeast Asian Nuclear Safety Consultative Body should study and take into account the experience of the European Atomic Energy Community (Euratom) and other international organizations that specialize in nuclear issues. That said, Euratom is not an entirely suitable model for the new body because, firstly, it was created for the purpose of coordinating its participants' research programs on the peaceful use of nuclear power, and secondly, security is just one of its objectives. Euratom handles a variety of topics related to nuclear energy, such as research, developing safety standards, and the peaceful use of nuclear energy. One of its goals, for example, is to ensure regular and sufficient supplies of ore, source materials, and special fissile materials in the EU.

4.3. Transport Partnership

An optimal transport and logistics structure is key to developing integration processes and maintaining high

International Atomic Energy Agency. URL: https://www.iaea.org/sites/default/files/infcirc546.pdf

17 Vienna Convention on Civil Liability for Nuclear Damage (adopted May 21, 1963) // URL: https://www.iaea.org/sites/default/files/infcirc500.pdf

economic growth rates in Northeast Asia. A reliable transport and logistics chain is vital to supporting sustainable development and economic, energy, food, and environmental security in the region.

Northeast Asia lacks a multilateral cooperation mechanism in the transport sector. Some work is already being carried out in the context of the Greater Tumen Initiative (GTI), but its membership is currently limited to Russia, China, South Korea, and Mongolia, leaving out Japan and North Korea. Moreover, none of the transport corridors in the GTI zone has become a transport corridor of international significance. So far that corridor is nothing more than national pieces of railways and roads, ports, checkpoints, and other physical infrastructure that facilitate internal and bilateral interstate freight and passenger transport. The issue is not just that international transit has a minimal share in overall transported cargo along any transport corridor; these routes have also failed to become transport corridors on a regional scale. Because there are no multilateral intergovernmental agreements on cross-border transport, and because the customs and other authorities have failed to harmonize their work, countries are forced to turn to bilateral agreements for transit and for admitting foreign vehicles into domestic territories.

It is therefore necessary to create a Northeast Asian Transport Partnership, which would:

- establish effective interaction among overland, sea, and air transport in the region;
- develop transport infrastructure;
- develop a rapid and coordinated response to emergency transport situations and provide anti-terrorism protection for transport facilities and vehicles;
- assist in diversifying transport and logistics chains in the region, which would entail bringing the Northeast Asian countries to markets on other continents.

One potential way to diversify transport and logistics chains would be to utilize Russian transit capabilities, which would involve improving Eurasian transport corridors and routes by modernizing the Trans-Siberian Railroad, the Baikal-Amur Mainline, and Russia's Pacific Ocean ports along with the North Korean and South Korean ports, as well as developing new sea routes. One sea route could run from Europe to ports in the Russian Far East to Northeast Asia, while another could connect China's northeast provinces, ports in the Russian Far East, Korean Peninsula, and Japan, and the west coast of the US and Canada. Another potential sea route would connect China's northeast provinces, ports in the Russian Far East, and ports in Japan, South Korea, North Korea and other Northeast Asian countries.

Since the Strait of Malacca, the Suez Canal, and the Panama Canal are already overcrowded, the Northeast Asian Transport Partnership and Russia could look into the possibility of using the Northern Sea Route. The Northern Sea Route is the shortest route from the Northwest European markets and the Asia Pacific region for transit traffic between ports in East Asia, the Pacific coast of North America, and Northern Europe, as well as for hydrocarbon deliveries from fields in the Russian Arctic to consumers on the Pacific coast.

The region offers a plethora of opportunities for transport cooperation. Initiatives to develop Russian transport corridors should be linked to the concept of the Silk Road Economic Belt and the Maritime Silk Road of the 21st century, which have been put forward by Chinese leader Xi Jinping and are similar to the Eurasia Initiative proposed by South Korean President Park Geun-hye.

Asia has a massive infrastructure funding gap which is the main challenge to the region's economic growth. Therefore China's initiative to found the Asian Infrastructure Investment Bank (AIIB) was welcomed by many countries. As of today, more than 50 countries including Russia, South

Korea and a list of major countries of the European Union (Austria, Denmark, Finland, France, Germany, Italy, Luxemburg, Malta, Netherlands, Poland, Portugal, Spain, Sweden, UK) have joined the project.[18]

4.4. Food Security Partnership

Regional food security can be bolstered via sustainable development in the agriculture and fishing industries, by facilitating investment and trade, and by creating efficient and flexible food markets and market infrastructure. Price volatility and the need for joint efforts to secure the food supply – including investment liberalization and innovative agricultural development – are serious issues.

One goal of the Food Security Partnership (that could be joined by representatives of both the state and private sectors) could be to schedule the establishment of a system that could ensure food security in the region by, for example, 2020. Its other primary objectives could be:

- to raise productivity in the agriculture and fishing

18 Members // The Asian Infrastructure Investment Bank. URL: http://aiibank.org/html/pagemembers/

industries;

- to raise the level of transparency and control of information and to exchange information on agricultural production and fishing, as well as on supply and demand for food;
- to develop market infrastructure;
- to reduce the costs and losses involved in food production and transport, and to create a food supply chain;
- to discuss responsible ecosystem maintenance and the responsible management of and trade in biological resources and wildlife resources;
- to raise the quality of and simplify food safety standards;
- to promote agricultural research and to support education systems;
- to facilitate the development and dissemination of new and existing technology.

One promising way to cooperate on food security would be to form a regional system for monitoring and forecasting the food situation. This could entail:

- combining the capabilities of national satellite systems to gather data on agricultural production and fishing, and to generate optimal joint response measures based on that data;

- promoting greater activity among small producers and consumers on local agricultural and food markets with an eye to increasing cross-border trade;
- promptly informing one another of price dynamics for key agricultural and fishing products, as well as exchanging information on the current and predicted potential of various exporters.

Northeast Asia is a maritime region, and seafood constitutes a large part of the local diet. As such, aquaculture (the artificial breeding and processing of fish and other marine life) is a sector in which many food producers from various countries (particularly small and medium producers) could join forces.

A higher degree of coordination is needed when it comes to rendering food aid during emergencies. Devastating natural disasters that deprive thousands of people of their livelihood are a frequent occurrence in Northeast Asia. Food reserves are a necessity for providing humanitarian aid in emergencies. More specifically, the Northeast Asian countries could, for example, create a Regional Grain Fund modeled after the Asian Rice Fund formed by the ASEAN+3 countries.

4.5. International Information and Cyber Security Partnership

One issue that Northeast Asia should address on its path to building a regional comprehensive security system is international information security, including cyber security. Because of the rapid development and widespread use of information and communication technology (ICT), critical national infrastructure has become dependent on that technology. Fundamentally new dangers have emerged as a result, and they are primarily connected with the potential use of ICT for purposes that threaten international stability and security, and undermine principles such as the respect for the non-use of force, non-interference in the internal affairs of states, and respect for human rights and freedoms.

Of particular concern are the possible development, use, and spread of information weapons and the resulting threats of information wars and information terrorism, which are capable of provoking information conflicts, the destructive consequences of which can be compared to the damage caused by weapons of mass destruction.

This is especially important for Northeast Asia, because every one of the countries in the region possesses advanced information technology that is widely used in all areas of life. The challenge is to formulate a multilateral international regime aimed at enhancing Northeast Asia's international information security. This regime should regulate that states and other international subjects bear responsibility for activity in the information space carried out either by them or from the territories under their jurisdiction.

The underlying idea behind a Northeast Asian information security regime should be a commitment to not resort to action in the information space for the purpose of harming the information networks, systems, resources, and processes of another state and its infrastructure; of undermining political, economic, and social systems; and of psychologically manipulating the population in order to destabilize society and the state.

Several international and bilateral agreements on international information security could be referenced when designing Northeast Asia's own regional regime. For example, Northeast Asia could take a cue from the 2001 Council of Europe Convention on Cybercrime (also known as the Budapest Convention),[19] although that document is largely outdated and contains a number of offensive and discriminatory clauses. Another example is the 2010 Russian-Brazilian

19 Convention on Cybercrime (adopted November 23, 2001) // Council of Europe. URL: http://conventions.coe.int/Treaty/EN/Treaties/Html/185.htm

intergovernmental cooperation agreement on international information and communication security.[20]

Of special attention is a landmark document from June 17, 2013 entitled "Joint Statement by the Presidents of the United States of America and the Russian Federation on a New Field of Cooperation in Confidence Building"[21] which covers ICTs. In that document, the two heads of state voiced a common understanding of the political-military, criminal, and terrorist threats that can arise from the use of ICTs. They also announced the completion of three "landmark" steps designed to strengthen relations, increase transparency, and build confidence between Russia and the US First, the document suggests establishing a direct communication link between high-level officials to manage potentially dangerous situations arising from events that may carry security threats to or in the use of ICTs. Second, the two heads of state agreed to create an information-sharing mechanism in order

---

20 Agreement between the Government of the Federal Republic of Brazil and the Government of the Russian Federation on International Information and Communication Security (adopted May 14, 2010) // Cyber Security and the Internet Governance: Documents for Agencies and Experts. M, Statut, 2013. Pp. 237-245 (In Russian).

21 Joint Statement by the Presidents of the United States of America and the Russian Federation on a New Field of Cooperation in Confidence Building (issued June 7, 2013) // The White House. URL: https://www.whitehouse.gov/the-press-office/2013/06/17/joint-statement-presidents-united-states-america-and-russian-federatio-0

to better protect critical information systems, for which purpose they established a communication channel and information-sharing agreements between their computer emergency response teams. Finally, the document envisages the use of a direct communications link between the Russian and US Nuclear Risk Reduction Centers in order to facilitate the exchange of urgent communications that can reduce the risk of misperception, escalation, and conflict. The agreement clearly specifies the quantity, level, and format of the information to be exchanged between the two countries.

5 Conclusions and Recommendations

1. The security challenges in Northeast Asia are multifaceted. Accordingly, the Northeast Asian countries must work together in two interconnected areas on the path to forming a comprehensive regional security architecture: 1) resolving the situation on the Korean Peninsula and 2) building a common security system in Northeast Asia.

2. The situation on the Korean Peninsula requires urgent attention, as it is one of the most potentially dangerous military threats in Northeast Asia. Not only does the peninsula's nuclear problem need to be addressed; paths to inter-Korean normalization also need to be pursued so as to put an end to more than 60 years of

hostility between the two Koreas. Two challenges need to be addressed simultaneously: 1) how to freeze and subsequently dismantle North Korea's nuclear weapons program and bring the country back into the NPT under IAEA safeguards, and 2) how to defuse political tensions on the Korean Peninsula and develop relations between South Korea and North Korea and other countries in the region.

3. The Korean Peninsula's nuclear problem should be addressed by resurrecting the Six-Party Talks that took place in 2003-2008 among the two Koreas, China, the US, Russia, and Japan. The joint statement issued by the six parties on September 19, 2005 contained a constructive basis for moving towards not only ensuring the denuclearization of the Korean Peninsula, but also improving the general situation in the region.

4. Peace might stand a chance on the Korean Peninsula if the "Korean question" were put back on the UN agenda after a 40-year hiatus. A peace conference dedicated to the Korean Peninsula needs to be held that brings together the UN Secretary General, the five permanent members of the UN Security Council, North Korea,

South Korea, and other countries as agreed with the two Koreas.

5. The peace treaty or other type of document – charter or declaration, for example – that aims to eventually replace the 1953 Korean Armistice Agreement needs to be signed by South Korea and North Korea. The five permanent members of the UN Security Council would act as guarantors for the parties to adhere to their commitments.

6. In parallel with settling the Korean Peninsula issue, Northeast Asia needs to make an effort to build a regional security architecture in the region as a whole. The key obstacle standing in the way of this and of addressing the "Korean question" is a lack of mutual trust.

7. In order to establish trust-based relations, the Northeast Asian countries could develop a dialogue on topics of common interest. An advisable way to do so would be to create an aggregate of regional partnerships or communities on particular aspects of security, such as:
   - energy security;

- nuclear energy safety;
- transport security;
- food security;
- international information security, including cyber security.

8. Through these partnerships, it would be possible to gradually transition to discussing the wider issues of peace, development, and security in the region, and ultimately, it would be possible to build a comprehensive security system in Northeast Asia.

9. Based upon the cooperation in Northeast Asia, Russia and South Korea can find various ways and strengthen the ground for their collaboration on the Eurasian continent, which is undergoing dynamic economic and geopolitical changes in the recent years.

In 2015 Russia and South Korea celebrate the 25th anniversary of establishing diplomatic relations. Much has been accomplished, but significant potential for collaboration in Northeast Asia to address new and traditional threats remains untapped. In this analytical paper initiated by the Institute for Russian, East European, and Eurasian Studies, Seoul National University (IREEES_SNU) and the Russian International Affairs Council (RIAC) the Korean and Russian experts offer their vision of a comprehensive regional security architecture that meets South Korean and Russian national interests. Working on building a new security system in Northeast Asia should begin with the formation of multilateral partnerships on specific security issues, i.e. energy security, nuclear safety, transport security, food security and international information security.

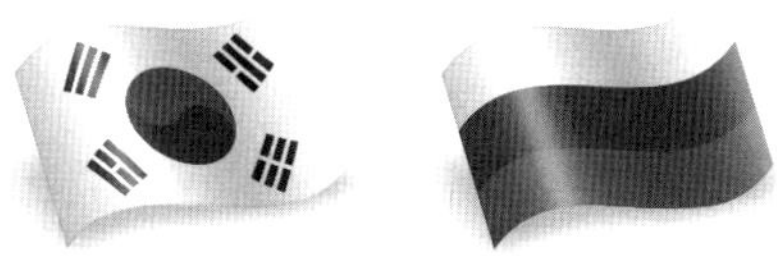

About the Authors

Beom Shik Shin _ Ph.D. in Political Science, Professor of the Department of Political Science and International Relations at Seoul National University, Director of Institute for Russian, East European, and Eurasian Studies at Seoul National University

Yong Chool Ha _ Ph.D. in Political Science, Professor of the H. Jackson School of International Studies at University of Washington, Adjunct Professor at Seoul National University

Weon Yong Sung _ Ph.D. in Economics, Professor of the Department of Trade and Economics at University of Incheon

Won Soon Kwon _ Ph.D. in Economics, Professor of the Department of Economics at Hankuk University of Foreign Studies

Dong Joo Suh _ Ph.D. in Political Science, Senior Research Fellow at the Institute for National Security Strategy

Hyun Taek Kim _ Ph.D. in Russian Literature, Professor of the Department of Russian Studies at Hankuk University of Foreign Studies, Director of Institute of Russian Studies at Hankuk University of Foreign Studies

Gleb Ivashentsov _ Ambassador Extraordinary and Plenipotentiary of Russia, Member of RIAC

Yury Dubinin _ Ph.D. in History, Professor of the Department of International Relations and Russia's Foreign Policy at MGIMO-University

Tagir Khuziyatov _ Ph.D. in Economics, Professor of the Department of World Economy at the Far Eastern Federal University

Ksenia Kushkina _ Head of the Asian Energy Ring Project at Skoltech Center for Energy Systems

Alexander Mastepanov _ Dr. of Economics, Head of the Analytical Center for Energy Policy and Security – Deputy Director of the Institute of Oil and Gas of the Russian Academy of Sciences

Sergey Podkovalnikov _ Ph.D. in Engineering, Head of Laboratory at Melentiev Energy Systems Institute of the Siberian Branch of the Russian Academy of Sciences

Natalia Stapran _ Ph.D. in History, Director of the Russian APEC Studies Center, Associate Professor of the Department of Oriental Studies at MGIMO-University

Andrey Sumin _ Ph.D. in Law, Leading Research Fellow at the Analytical Center for Energy Policy and Security of the Institute of Oil and Gas of the Russian Academy of Sciences

Svetlana Suslina _ Dr. of Economics, Professor of the Department of World Economy at MGIMO-University, Chief Research Fellow of the Institute of Far Eastern Studies of the Russian Academy of Sciences

Georgy Toloraya _ Dr. of Economics, Head of Regional Programs at Russkiy Mir Foundation, Executive Director of the Russian National Committee on BRICS Research

Alexander Vorontsov _ Ph.D. in History, Head of the Korea and Mongolia Studies Division of the Institute of Oriental Studies of the Russian Academy of Sciences

Nikolay Voropay _ Dr. of Engineering, Corresponding Member of the Russian Academy of Sciences, Director of the Melentiev Energy Systems Institute of the Siberian Branch of the Russian Academy of Sciences

PART
II

한국과 러시아의 '전략적 동반자관계'

- 비전에서 정책으로 -

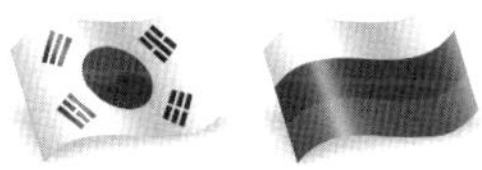

신범식, 하용출, 서동주, 성원용, 권원순, 김현택

1
한·러관계 25년의 평가와 교훈

1. 한·러관계 25년 발전의 궤적

<표 1>에 요약되어 있듯이 양국이 수교한 1990년 9월 30일 이래 25년 동안 한·러 관계는 국교수립 및 관계 정상화, 양국관계 조정, 소강상태 극복을 위한 관리, 새로운 동반자관계 발전, 미래지향적 전략적 협력 추진 등의 단계를 거치면서 포괄적인 분야에 걸쳐 협력관계를 강화해 나가는 성과를 보여주었다.

한·러 간 실질 협력을 강화하는 데 중요한 계기를 제공한 것은 2005년 11월 19일 체결된 "대한민국과 러시아연방 간 경제 및 통상 협력을 위한 행동계획"(Russian-Korean Joint Action Plan for Economic and Trade Cooperation)이었다. 한·러 행동계획(Action Plan)의 체결은 현재까지 양국 간 협력 분야 및 방향을 포괄적으로 제시함으로써 양자관계, 특히 경제협력 관계의 중장기적인 발전을 견인해오고 있다는 데 그 의미가 크며, 그동안 많은 부문에 걸쳐 주목할 만한 성과를 낳았다고 평가할 수 있다. 정상

<표 1> 한국과 러시아 관계의 전개과정

구분	시기	공식적인 관계 규정	주요 정상회담	특기 사항
국교수립 및 관계정상화 시기	1990.9.30 ~ 1995		노태우-고르바초프(모) 노태우-옐친(서울) 김영삼-옐친(모)	- 국교 수립과 대러 차관공여 - 「한·러 기본관계 조약」(1992) - 급속한 과열과 불협화음 - 모스크바공동선언(1994)
양국관계 조정 시기	1996 ~ 1998	"건설적이고 상호보완적인 동반자관계" (A Constructive and Mutually Complementary Partnership) (1994.6.)	무(無)	- 4자회담과 급속한 냉각(1996) - 한·러 경제·과학·기술 공동 위원회 발족 및 정례화(1997) - 양국 경제위기(1997/1998) - 외교관 맞추방 사건(1998.7.)
소강상태 극복을 위한 관리 시기	1999 ~ 2002	상기 관계의 지속·강화 (1999.5.)	김대중-옐친(모) 김대중-푸틴(뉴욕)	- 5년 만에 정상회담 개최 - 한·러수교 10주년 - 러시아 남북한 등거리외교
새로운 동반자관계 발전 시기	2003 ~ 2008	"상호 신뢰하는 포괄적인 동반자 관계" (A Comprehensive Partnership Based on Mutual Trust) (2004.9.)	노무현-푸틴(모) 노무현-푸틴(부산)	- 6자회담에 러시아 참여 - 6차례의 정상회담 및 만남 - 실질협력 강화를 위한 「Action Plan」수립 (2005.11.)
미래 지향적인 전략적 협력 추진 시기	2008. 9. ~ 2015 현재	"전략적 협력 동반자관계" (A Strategic Cooperative Partnership) (2004.9.)	이명박-메드베데프(모) 박근혜-푸틴(서울)	- 3~40년의 장기적 관점에서 양국 협력의 폭과 깊이를 심화시키는 데 합의 - 한·러대화(KRD) 출범 - 2013 정상회담 공동성명 (35개항)

간 및 고위급 인사 간의 정례적 회동이 이루어지고 있으며, 한·러 경제과학기술협력공동위원회(Korea-Russia Joint Committee on Economic, Scientific and Technological Cooperation)를 비롯한 각종 협의채널들이 원활하게 운영되고 있고, 글로벌 경제위기 등의 여파로 다소 부침이 있기는 했지만 교역 및 투자도 꾸준히 증가하

고 있고, 남·북·러 가스관 연결사업 등 에너지 및 천연자원 개발 분야에서 대규모 프로젝트를 실현하기 위한 협력 논의가 진전되고 있다.

특히 양국은 2008년 9월 이후 미래지향적인 전략적 협력 실현을 향해 전진하고 있다. 2008년 9월 29일 이명박 대통령은 모스크바를 방문하여 러시아의 메드베데프 전(前)대통령과 정상회담을 갖고 양국 관계를 "전략적 (협력)동반자관계"로 격상시키는 10개항의 공동성명을 발표하였다. 이처럼 양국 관계를 전략적 동반자관계로 격상시킨다는 것은 양자 차원의 필요를 넘어 미래발전을 위해 서로를 인식하고, 양국관계를 새로운 단계로 발전시켜 나가겠다는 의지를 함축하고 있다. 이와 관련하여 양국 관계가 전략적 (협력)동반자관계로 격상된다는 것이 과연 어떠한 함의를 갖는가를 정확하게 인식할 필요가 있다. 북핵문제에 대한 러시아의 국가이익의 구성은 러시아에게 정책적 딜레마를 제공하고 있다. 그리고 사실상 현재 북한문제는 한·러관계의 발전을 저해하는 최악의 조건으로 작용하고 있다. 따라서 결국 양국 정부는 현재 양국 관계의 발전을 가로막는 장애를 넘어서려는 노력과 동시에 북핵 이후 러시아와 한국이 한반도 및 동북아, 그리고 유라시아의 안정과 평화를 위한 건설적 기여를 할 수 있는 중장기적인 전략적 협력 방안과 대책들을 준비할 필요를 점차 인식하게 되었고, 이것이 바로 '전략적 협력 동반자관계'라는 성격으로 표현된 것이다.

2012년 5월에는 푸틴정부가 2013년 2월에는 박근혜정부가 각각 출범하였다. 신정부 출범 이후 양국은 러시아의 '신(新)동방정책'(New Eastern Policy)과 한국의 '유라시아 이니셔티브'(Eurasia Initiative) 등과 같이 공유이익을 지닌 부문의 정책 협력을 강화시켜가면서 양국관계 발전을 추동하는 계기를 마련하기 위한 노력을 기울이고 있다. 2013년 11월 푸틴대통령의 서울 방문시 양국 정상은 정상회담을 통해 35개항의 공동성명에 합의하였는데, 이는 향후 전략적 협력 동반자관계를 심화·발전시켜 나가는 데 기여한 것으로 평가되고 있다.

2. 한·러 관계 발전의 걸림돌과 극복

가. 한·러 외교 분쟁의 교훈

한·러 관계 발전의 궤적과 함께 양국 관계의 어두운 측면에 대한 고려는 미래지향적 관계를 구상함에 있어서 매우 유용하다. 양국 간 갈등 내지 분쟁 사례로는 4자회담에서의 러시아의 소외와 반발, 외교관 맞추방 사건(1998), 최덕근 영사 피살사건(1996), 탄도탄요격미사일(ABM: Anti-Ballistic Missile) 조약 파동(2001), 서캄차트카 해상광구 개발사업 무산(2009), 천안함 폭침사건(2010)을 둘러싼 외교적 조율 실패 등을 들 수 있다.

이같은 양국 간 외교적 분쟁사례에 대한 자세한 검토는 양국관계의 구축과 발전을 위한 주요한 출발점을 다지게 한다. 한국과 러시아간 외교 분쟁이 단순히 특정 정부만의 잘못에서 비롯되었다고 볼 수는 없다. 하지만 이는 적어도 앞으로 한국이 러시아와의 관계에서 양국 모두 이득을 얻기 위해 어떠한 전략을 추구해야하는지에 대해서 많은 시사점을 던져 주고 있다. 지금까지 한국과 러시아의 외교 분쟁 사례를 통해 얻을 수 있는 교훈은 다음과 같이 요약 정리될 수 있다.

첫째, 한국과 러시아의 많은 외교 분쟁이 러시아의 상황과 현실에 대한 한국측의 몰이해에서 비롯된 경우가 있었다. 러시아의 대 한국 외교 정책은 러시아 국내 상황, 국내 정치에서 비롯될 수밖에 없다. 러시아의 대 한국 외교 정책을 이해하고 예상하기 위해서는 러시아의 내부 상황과 국내정치에 대한 이해가 반드시 선행되어야 한다.

둘째, 러시아가 지구적 거시전략의 틀 속에서 대외정책을 전개하고 있다는 점을 유념해야 한다. 따라서 러시아의 대아시아 및 대한정책을 러시아의 거시 전략 구도 속에서 이해하고 해석하는 과정이 필수적이다. 따라서 러시아의 한국에 대한 정책은 그 자체가 아니라 아시아 혹은 한반도라는 지역적 고려에서 이루어지고 있다.

셋째, 위의 연장선상에서 한동안 러시아가 북한을 버리고 남한 편향적인 정책을 펼치기도 했지만, 이것이 러시아의 대북한 영향력 약화와 한반도에서 지위 상실이라는 결과를 낳았음을 깨닫고 남북한 등거리 정책으로 방향을 선회하였다는 점을 양국 관계의 기본조건으로 이해할 필요가 있다.

넷째, 위와 같은 인식을 바탕으로 한국의 대(對)러시아 외교는 단기적 필요와 결정에서 벗어나 한국의 장기적인 외교 대전략 수립과 전반적인 외교 기조에 맞추어 포괄적인 함의를 지니도록 조율할 필요가 있다.

다섯째, 대러시아 외교는 주변국들과의 전반적인 역학관계 속에서 조율해야 한다. 이는 러시아와의 전략 협력이 한국의 주변국 관계에 걸림돌이 되어서는 안 된다는 점뿐만 아니라 주변국 관계 때문에 러시아의 입장과 이익에 대한 과소평가가 있어서도 안 된다는 점을 의미한다.

여섯째, '자원·에너지외교'에 편중되지 않은 다면적, 다층적 수준에서의 전략 협력을 지향하여야 한다. 자원과 에너지 확보를 위한 외교는 한국의 대러 외교 정책에서 중요한 부분이지만, 그것이 마치 전부인 것처럼 비춰져서는 안 되고, 반드시 러시아 국민에게도 이득을 주는 방향으로 진행되어야 한다.

일곱째, 특히 러시아에 대해서는 상호 이해와 '감동의 외교'를 추진하여야 한다. 러시아인의 정서를 이해하고 그들의 감성적 이해를 고취하는 접근법이 필요하다.

결국 양국 관계의 발전을 향한 가장 중요한 출발점은 양국이 각각 상대의 외교적 특수성을 인정하고 각기 쌓아 온 외교적 성과를 존중하는데서 시작되어야 한다는 것이다. 이를 무시하거나 성급하게 넘어서려는 태도는 양국 모두에게 이익이 되지 못한다는 것이 지난 20여년 양국 관계사의 가장 중요한 교훈이라고 할 수 있을 것이다.

나. 양국의 상대에 대한 인식의 문제

한 국가의 외교에 있어서 상대에 대한 인식은 그 기조에 큰 영향을 미치는 것은 자명한 일이다. 특히 한국과 러시아는 냉전시기에 경험한 관계의 단절로 인해 상호 인식이 매우 불균질적이며 현실적이지 못한 부분이 수시로 양국 간 오해와 갈등으로 노정되곤 해 왔다. 따라서 이러한 인식 상의 한계를 극복하는 것은 양국관계 발전을 위한 대단히 중요한 조건이 된다.

① 러시아의 한국에 대한 인식

러시아는 한국의 대미 의존적 외교의 한계를 양국 안보관계의 증진에 가장 큰 걸림돌로 인식하고 있다. 하지만 한·미 동맹의 제약 속에서도 러시아와 한국은 다양한 협력분야를 발굴할 수 있다. 에너지, 물류 등의 분야에서 진행되는 협력을 자연스럽게 안보적 영향력을 가진 협력기구로 발전시키는 중기적인 전략을 발전시킬 필요가 있다.

또한 러시아는 한국의 국가 규모나 경제규모가 러시아의 아시아 파트너로서 가지는 한계에도 주목하고 있다. 따라서 러시아는 한국을 주변국, 즉 일본이나 중국의 대러 협력을 유도하는 자극제 정도로 활용하려는 입장을 보이는 경우가 왕왕 있다. 하지만 이러한 러시아의 인식을 낮하기에 앞서 한국은 러시아와 한국 사이에만 존재하는 협력의 '블루오션'(Blue Ocean)을 개척해 나갈 필요가 있다. 이는 한국의 적극적인 이니셔티브가 요청되는 대목이다. 한국이 러시아를 한반도와 동북아에서 활용하고, 이를 지역정치 전환의 계기로 연결시킬 수 있는 아이디어를 발굴하고, 이를 둘러싼 양국 협력에 대해 러시아와의 진솔한 대화를 진전시킬 필요가 있다.

러시아의 한국에 대한 또 다른 부정적 인식은 말에 비해 행동이 따르지 않는 나라라는 생각이다. 과거에 수많은 공동 프로젝트가 논의되었지만, 성취된 것이 거의 없었던 것이 현실이다. 하지만 최근 러시아 상트페테르부르크에 건설된 현대자동차 공장의 직접투자는 러시아측의 높은 만족도를 보여주는 성공사례로 들 만하다. 또한 나진~하산 교통물류사업의 남·북·러 3각 경협사업은 이런 부정적 인식을 일거에 해소할 수 있는 전략적 의미를 지닌 사업으로 적극적으로 추진해 나갈 수 있는 사업이다.

최근 러시아의 아시아 및 태평양 전략이 적극화되어 가고 있는 상황에서 러시아의 아태지역으로 진출을 위한 새로운 파트너로서의 한국이 지니는 가능성에 대한 재검토가 이루어지고 있는 신호들이 보인다. 이런 러시아의 움직임에 한국이 적절히 반응하면서 러시아의 필요를 확인하고, 우리의 국익실현을 위해 협력할 수 있는 지점들을 함께 발굴하고 토론해 나가는 것이 필요하다.

② 한국의 러시아에 대한 인식

가장 큰 문제는 한국의 전반적 대외정책 지평에서 러시아가 차지하는 너무 낮은 존재감이다. 물론 러시아가 주변 주요국들 중 가장 낮은 영향력을 가지고 있는 것이 사실이지만, 그 정도는 너무 심하다. 한국의 외교정책 지평에서 러시아의 가능성에 대한 적극적 탐구 노력은 찾아보기 어렵다. 또한 주요 외교안보 정책 결정에 참여하는 인사들의 인식 지평에서 러시아 자체가 무시되면서 러시아 관련 의제들은 그 우선순위가 뒤로 밀리는 상황이자주 발생한다. 그러나 러시아가 가진 가능성과 미래적 가치를 적극적으로 탐구하고 실현해 보려는 노력은 한국 외교의 운신의 폭을 넓혀 줄 수 있다. 이를 위하여 정부 외교안보 부처 내 러시아 관련 조직의 보완 및 인사의 충원이 필요하다.

냉전의 유산과 체제전환기 러시아에 대한 경험은 한국 정책결정자들에게 러시아를 신뢰할 수 있는 대상으로 인식하는 데 제약 요인으로 작용하고 있다. 또한 러시아의 외교적 행태를 해석하는 데 익숙하지 않으며, 미국과 서방의 인식 틀에서 러시아를 해석하는 것을 답습함으로써 양국 사이에 가지고 있는 협력의 여지와 가능성을 가려내지 못하는 부분이 있다. 물론 러시아의 자의적 외교기준 등에 대한 비판의식도 존재한다. 하지만 신뢰는 꾸준한 대화와 협력 프로젝트의 진행, 그리고 성공사례들의 축적을 통해 형성되는 것이다.

한편 러·중 전략적 협력의 축에 러·북 협력의 축이 결합되면서 북방 삼각협력의 구도가 부활할 수도 있다는 전망 때문에 러시아가 한국에 대한 잠재적 적대국으로 전환할 가능성에 대한 우려를 완전히 해소하지 못하고 있는 측면도 있다. 그리고 최근 러시아의 한반도에서의 가능성과 대북 영향력의 회복에 대한 기대가 높아가고 있으며, 러시아의 가치를 현실적으로 평가하여 그 기반 위에 협력의 틀을 만들려는 실용적 태도들이 한국 내에 증대되고 있음은 긍정적 신호로 해석될 수 있다.

③ 국제 및 지역정치 구조에서 오는 불협화음

한미 동맹의 축에서 나오는 여러 정책들이 러시아의 한반도 내지 동북아에서의 영향력을 배제하려는 미국의 정책에 의해 제약을 받게 되는 측면이 있다. 미국의 아태전략에서 러시아가 이 지역에서 전략적 행위자로서의 입지를 회복하지 못하도록 배제시키려는 전략이 작동하고 있는 것으로 보이는데, 이러한 정책기조의 영향으로 한국이 러시아에 대한 독자적인 협력의 가능성이 제약되고 있는 측면이 있다.

나아가 국제정치 무대에서 러시아와 미국의 대립구도 속에서 그 여파가 한반도에 미치는 경우에 한국과 러시아의 전략적 조율이 여의치 않은 측면이 분명히 존재한다. 과거 ABM 조약 폐기를 둘러싼 러·미 간 갈등에 한국이 곤란을 당한 경우가 대표적이다. 이는 양자관계, 지역정치, 국제정치에 따른 인식의 수준이 양국 간에 일치하지 않기 때문에 나타나는 문제이기도 하다. 따라서 한국은 러시아의 전략을 좀 더 다차원적 수준에서 분석하고 이해하여 대응하는 것이 필요하다. 특히 최근의 우크라이나 사태 이후 미국과 서방이 러시아에 대한 제재를 강화하면서 조성되고 있는 국제적 긴장 국면에서 한국의 입지가 제약되고 한·러 관계가 전략협력에 이르지 못할 가능성도 있다. 따라서 한국과 러시아 양국은 지역 및 국제정치의 구조적 변동의 과정 중에서 양자 간 전략협력이 이룰 수 있는 것과 그렇지 못한 것을 분리하여 접근할 필요가 있다.

④ 인식상의 불일치 문제를 개선하기 위한 방향

대체로 양국 사이에 나타나는 인식 상의 문제는 크게 네 가지 정도의 요인으로 분류될 수 있다. 우선, 양국 사이에 공유할 수 있는 전략적 지향이 부재하고, 다음, 정책을 추진하는 전략 지평의 범위와 그 수준이 상이하며, 또한, 신뢰가 쌓이기에 충분할 정도의 성공사례들의 축적이 이루어지지 못하였고, 그리고 무엇보다, 양국 국민들 간 상호인식의 수준이 절대적 및 상대적 수준에서 낮다는 데서 기인한다. 따라서 이러한 부분들을 보완하기 위해 한국의 입장에서는 러시아 외교에 대해 좀 더 주의를 기울일 수 있는 인프라를 구축하고, 전략적 소통과 조율을 위한 대화채널의 신설 및 내실화를 추진하고, 양국관계 증진과정을 관리해 나간다는 차원에서 민간 수준의 교류를 확대해 나가는 노력들을 적극적으로 기울일 필요가 있다.

3. 한·러관계의 현주소: 진단과 평가

지금 양국이 합의하여 추구해 가고 있는 양자관계의 목표인 '전략적 협력'이란 양자관계를 통해 지구적 및 지역적 수준에서의 전략적 협력을 추구해 나갈 수 있다고 상호 인식하게 된 당사국들이 그 협력의 내용을 지속적으로 채워가면서 구성되는 관계라는 의미를 가지고 있다. 이 전략적 협력의 내용을 구성하는 요소로는 첫째, 전략적 소통, 둘째, 전략의 조율, 셋째, 공통의 전략적 결과를 지향하는 프로젝트의 실천을 들 수 있다. 이런 전략 협력의 구성요소의 기준으로 현 시점 한·러관계는 어떤 수준에 이르고 있는지 냉정하게 평가해 볼 필요가 있다.

첫째, 전략적 소통의 측면에서 지난 20여 년간 다양한 수준의 대화통로를 발전시켜 왔다. 대화통로의 다기화(diversification) 및 양적 증대라는 점에서 어느 정도의 성과는 있었다. 하지만 이러한 대화는 산발적이고, 피상적이며, 초점을 가지고 있지 못했다. 보다 중요한 문제는 이러한 대화를 통해 양국이 상대의 전략적 필요와 고민을 진지하게 이해하는 수준에는 도달하지 못했다는 데 있다. 또한 미국, 중국, 일본 등 주변국들과의 관계와 비교해 볼 때, 한국은 러시아와 전략적 소통을 할 수 있는 통로가 매우 제한적이다. 따라서 양국 정부는 다양한 수준에서 진행되고 있는 대화통로의 다기화 및 내실화를 더욱 촉진시키되, 이들의 다양한 대화들의 초점을 잡아 줄 수 있는 의제를 잘 정리하고, 나아가 진정한 전략적 소통이 가능한 핵심통로를 개발함으로써 상대의 전략적 고민과 필요를 이해하려는 노력을 기울여야 한다.

둘째, 전략의 조율이란 측면에서 양국은 실패 및 제한적 성과를 거둔 경험을 가지고 있다. ABM 조약의 폐기를 두고 러시아와 미국이 신경전을 벌이는 가운데 한국이 매우 곤란한 상황에 처한 적도 있다. 4자회담과 그 후속 조치의 결과로 탄생한 한반도에너지개발기구(KEDO: Korean Peninsula Energy Development Organization)의 운용에서도 경쟁이 있었다. 천안함 사태에 대한 대응을 두고 전략적 소통과 조율을 시도하였으나 부분적 한계를 노정하기도 했다. 하지만 6자회담 진행과정에서 양국은 전략적 접근을 통하여 공조체제를 구축하면서 일정한 협력적 성과를 거두기도 하였다. 향후 미사일방어체제(MD), 대량살상무기확산방지구상(PSI: Proliferation Security Initiative)의 운용, 동북아 다자안보체제 구상 등과 관련하여 양국 사이에 전략적 조율을 요구하는 상황이 발생할 수도 있다. 따라서 양국은 당면한 협력 현안들을 내실 있게 처리하는 일상적 관계발전의 노력을 지속하면서도, 동시에 좀 더 커다란 지역적, 지구적 질서의 미래를 두고 중장기적 차원에서 운영되는 정기적 대화의 장을 만들고 전략적 조율의 토론을 증대시켜야 하며, 낮은 수준에서의 전략적 조율 경험을 학습할 수 있는 프로젝트의 공동 실현부터 시작해 점차 높은 수준에서의 전략적 조율을 시도해야 한다.

셋째, 공동의 전략적 지향으로 선언된 프로젝트의 실천이란 측면에서 양국은 더욱 낮은 점수를 받을 수밖에 없다. 이는 그간 양국이 양자관계를 통해 얻는 파편적 이익에 대해서만 주의를 집중해 온 데 기인한 것이다. 물론 북한문제를 두고 양국이 기존의 한계를 넘어서려는 협력을 생각해 본 적도 있다. 남·북·러 삼각협력과 같은 경우가 그 예라 할 수 있다. 하지만 이러한 시도도 결국은 정치와 경제를 분리하는 한계를 극복하고 좀 더 넓은 지역적 동학을 품지 못하였다. 동북아 국제관계는 경제적 상호의존성이 증가하고 있지만 동시에 안보적 상충성도 커가고 있다는 점에서 정치와 경제가 상호 배타적으로 맞물려 상호작용하는 특성을 보이고 있다. 이러한 지역정치의 영향 하에서 양국은 자국의 전략적 이해구조를 침해받지 않으면서도 전략적인 협력을 실현할 수 있는 분야를 발굴하고 이를 구체적인 선언과 프로젝트로 구현해야 한다. 동북아와 아태지역, 그리고 지구적 수준에서 양국이 협력해 나갈 수 있는 다양한 의제는 풍부하게 존재하고 있으며, 현재의 동맹구조 속에서는 불가능해 보이는 과제도 유동적인 국제정치의 역학 속에서 열리는 기회를 포착하는 우회로 개발을 통해 실현해 낼 수 있다. 바로 이 지점이 양국의 전략적 협력을 실현해 낼 창의적 아이디어가 필요한 지점 중의 하나이다.

결국 한국과 러시아는 진정한 의미에서의 전략적 협력 단계에 진입해 있다고 보기는 어렵다. 북핵 위기와 같은 장애 요인을 차치하더라도 양국은 본격적 전략협력을 위한 동반 길에 나서지 못했다. 냉정하게 평가하자면 현 단계 양국관계는 양자, 남·북·러, 동북아 지역협력, 지구적 의제에서의 다층적 협력의 균형점을 찾아가는 전략 협력의 모색단계에 진입하고 있다. 따라서 전략 협력에 대한 지나친 기대, 혹은 무시와 같은 극단적 판단은 배제하고, 균형적이며 현실적인 판단에 근거하여 전략적 협력 동반자 관계를 미래지향적으로 실현해 나가야 한다.

2

동북아에서의 러시아와 한국

1. 동북아 정세 개황

동북아 지역은 다가오는 10년 동안 가장 역동적이며, 많은 변화가 예고되어 있는 용광로와 같은 지역이다. 변화의 가장 큰 핵심적 고리는 중국의 부상과 주변국들의 대응에 따른 질서 재편의 문제이다. 세력균형이 바뀌면서 그 공백을 둘러싼 미, 일, 중, 러, 남·북한의 협력과 갈등 양상이 노정될 가능성이 높고, 장기적으로 이것은 새로운 국제체제, 국제질서의 출현과 맞물려 있다.

동북아에는 역내 국제질서 재편과 세력전이를 둘러싼 전략적 게임이 현재 진행형이며, 이는 중국의 부상이 계속되는 한 2025년까지 지속될 가능성이 높다. 앞으로 미·중간 대화의 모색과 함께 경쟁도 더욱 격화되는 양상을 보이게 될 것이며, 지경학, 지정학, 지문화학적 전략 요소 등이 혼재된 복합적 상호의존(complex interdependence) 및 복합 네트워크적 상호작용의 시대가 전개될 것이다.

<표 2> 동북아 주요국의 대(對)아시아 정책

국가	주요 내용
한국	한반도 신뢰프로세스, 동북아 평화협력 구상, 유라시아 이니셔티브
러시아	강국 러시아 재건, 유라시아경제연합, 신동방정책
미국	pivot to Asia, re-balancing, 제한적 개입주의
중국	중국의 꿈, 신형대국관계론, 일대일로(一帶一路)구상
일본	적극적 평화주의, 집단적 자위권, 강한일본
북한	핵무력 및 경제건설 병진 노선
몽골	비핵지대화론, 울란바타르 대화

2020년대 중반까지 동북아질서는 다음과 같은 특징을 띠며 전개될 것으로 예상된다.

첫째, 미국의 상대적 쇠퇴, 중국의 부상으로 집약되는 세력균형의 재편과 세력전이 현상의 가시화로 인하여 불확실성과 혼돈의 특징을 띄고 있는 동북아 질서의 재편이 예상된다. 역내 세력권 확장과 확보를 둘러싼 주요국들의 갈등과 협력이 변화무쌍하게 전개될 것이다.

둘째, 앞으로 동북아 국제질서 재편과정에 있어 미·중·러, 미·중·일, 한·중·일 등 역내 3국간의 역학관계와 성격이 매우 중요하게 작용할 것이다. 특히 미·중·러 삼각관계는 역내 주요 강대국간의 관계로 세계질서, 유라시아질서와 연계되면서 세력균형의 형성과 재편에 점점 더 중요한 영향을 끼치는 역할을 수행할 것이다.

셋째, 러·중 관계는 기본적으로 현재의 '전략적 동반자관계'를 더욱 심화, 발전시켜 나갈 것으로 예상된다. 그러나 러·중 전략적 동반자관계는 미국이라는 최강국을 상대로 한 삼각관계에서의 한시적인 연대의 축을 의미하기 때문에 언제든지 미·중·러 삼각관계의 세력판도에 중대한 변화가 발생한다면 동반자관계의 균열이 발생할 가능성도 배제할 수 없다. 다만 향후 10년 내에 양국간 이해관계의 충돌이 가시화될 것인지는 불분명해 보인다. 특히 최근 우크라이나 사태를 계기로 러시아의 미국을 비롯한 서방과의 관계가 악화되고 있는 상황에서, 동북아의 정세 전개에 있어서 러·중 관계를 위협할 불안 요인보다도 안정적 발전의 여건이 우세할 것으로 전망된다. 이의 연장선에서 '미·일 동맹 대 러·중 전략적 동반자관계' 구도는 좀 더 고착화될 가능성이 높아 보인다.

넷째, 군사적 측면에서 긴장 고조와 군비경쟁이 보다 심화될 것이다. 중국의 군사력 증강에 맞서 미국과 일본이 대응하고, 한반도의 급변사태에 대한 우려감 증대 등으로 역내 군사적 긴장이 높아질 것으로 예상된다. 북극항로 및 해상교통로(SLOC: Sea Line Of Communication)를 비롯한 해양안보의 중요성이 부각될 것이다. 또한 중국의 부상에 대한 주변국들의 우려와 결집 상황이 지속될 것으로 전망된다.

다섯째, 새로운 국제적 리더십 제고를 향한 주변 주요국들의 경쟁이 보다 심화될 것이다. 2016년부터 주요국의 지도자가 교체됨에 따라 새로운 국가비전과 국가발전 목표를 정비하고, 역내 질서 재편을 둘러싼 리더십 경쟁이 심화될 것이다.

여섯째, 양안과 한반도 등 분단국의 문제도 역내 질서 향배를 가늠하는 중요한 변인으로 계속 작용할 것이다.

2. 러시아의 동북아 및 한반도 정책

가. 러시아 미래지향적 국가전략의 기조

푸틴시대 러시아정부는 '강대국 러시아 재건'을 국가목표로 삼고 있으며, 2008년 이후 사회 전 부문에 걸쳐 '현대화', 특히 '혁신주도형 경제로의 전환'을 핵심적인 국정운영의 방향으로 설정하고 있다.

현재 러시아의 중장기 발전전략의 대강을 결정짓는 청사진은 2007년 집권당인 통합러시아당이 작성한 일명 '푸틴 플랜 2020' 이라고 할 수 있다. 이것과 보조를 맞추어 러시아는 '에너지 전략 2020, 2030', '교통전략 2020, 2030' 등과 같이 산업부문별로 2020년, 2030년을 목표 시한으로 정한 중장기 발전전략을 실행에 옮겨오고 있다. '푸틴 플랜 2020'은 석유, 가스 등의 수출에 의존한 자원의존형 경제구조에서 벗어나 정보통신기술(ICT)과 혁신활동이 중심이 되는 지식경제로의 체질전환을 통해 2020년까지 러시아를 세계 5위의 경제 대국, 1인당 국민소득 3만 달러의 경제부국을 만든다는 전략 목표를 설정하고, 국내 자원개발, 생산 인프라의 확충 및 투자 유치에 진력한다는 것이다.

2012년 5월 7일 푸틴 대통령의 공식 취임과 함께 러시아는 푸틴 집권 3기에 들어섰다. 푸틴은 선거공약을 통해 ① 러시아의 가치, ② 보람있는 삶 - 위대한 국가의 시민, ③ 강한 경제 - 강한 러시아, ④ 국민통제하의 효율적 권력, ⑤ 어려운 세계 속의 강한 러시아 등 다섯 기지 부문을 적극 추진해 나갈 것임을 밝혔다.

통상 푸틴 3.0시대로 명명되는 신정부 하에서도 위의 정책 기조는 계속 유지될 것으로 전망된다.

2020년대에 이르면 러시아는 국제적 위상과 대외 영향력 측면에서 지금보다 훨씬 신장된 모습을 띨 것으로 예상된다. 러시아는 유엔 안전보장상임이사국 지위를 유지하는 가운데 군사력 부문에서는 제2위의 위상을 지켜나갈 것으로 전망된다. 또한 미국, EU와의 협력 관계의 악화에도 불구하고 지구적 수준에서의 '전략적 안정'을 유지하기 위한 핵감축 등의 노력을 지속하고 세계전략 부문에서 세력균형을 이뤄나가기 위한 노력을 지속할 것이다. BRICS의 일원으로 중국, 인도, 브라질 등 미래 주도국들과의 전략적 연대를 한층 강화하면서 국제적 영향력도 차츰 제고될 것으로 전망된다. 또한 관세동맹 및 유라시아경제공동체(EurAsEC) 통합을 확대·강화하는 등 유라시아 공간에서의 경제통합을 강화하고, 장기적으로는 유라시아연합 창설이라는 전략적 목표를 향해 전진할 것으로 전망된다.

나. 러시아 경제의 미래 전망

'러시아연방 장기 사회경제발전 개념'은 2020년까지 러시아를 세계 5위의 경제대국으로 진입시킨다는 목표를 설정하고 있다. 전체적으로 다원주의적 발전주의 국가모델이 형성되는 가운데 러시아는 세계 강대국의 면모를 확인하면서 다극화된 세계질서의 한 축으로서 자기 위상을 한층 강화해 나가게 될 것이다. 러시아가 냉전시기 누렸던 초강대국의 위상을 다시 회복할 가능성은 적어 보이지만, 중기적으로 종합 국력 세계 5위권의 국가로서 지구적 책임성을 감당하는 강대국으로 자리 잡게 될 가능성이 있다.

세계 에너지수요가 지속적으로 상승할 것으로 예상되는 가운데 러시아는 수요 전망에 맞추어 에너지 탐사 및 생산 계획(극동·시베리아 자원개발), 그리고 에너지 수송시스템의 통합전략(가령, UGSS, ESPO 등)을 추진하고 있다. 에너지 공급국으로서 러시아의 위상은 보다 강화될 것이며, 주요 매장지 개발과 파이프라인 연결 등 에너지협력 사업이 대외전략을 투사하는 통로로 활용될 것이다. 반면에 세일가스 혁명에 따른 여파와 세계 경제 침체에 따른 에너지 수요 감소, 크림병합에 따른 서방측의 대러 제재 등을 어떻게 극복할 것인가 하는 과제도 중요하게 부각될 것이다.

향후 푸틴 3.0시대 러시아의 경제정책은 지난 시기 과도한 성장 편향적인 노선에서 벗어나 성장과 안정의 적절한 균형을 잡는 노선을 견지할 것이며, 사회발전을 위해 보건 및 교육제도 등을 개선하는 데 보다 많은 자원을 투입할 것으로 전망된다. 중장기적으로 러시아는 에너지복합체와 군산복합체에 대한 국가의 통제와 간섭을 유지하면서 자본의 집중·집적을 도모하고, 이들 기업들을 통해 글로벌 차원의 국제경쟁력을 강화하는 접근을 지속해나갈 것으로 보인다. 향후 푸틴 3기 시대에는 이전 메드베데프 시대보다 자유주의적 경제노선이 퇴조하고, 경제부문에 대한 강력한 정부개입을 요구하는 분위기가 보다 강화될 것이다.

한편, 2012년 8월 22일 러시아의 공식적인 WTO 가입 완료는 향후 러시아 경제에 추가적인 성장 동력을 제공하면서 서비스 질 개선 및 가격 하락에 따른 생산성 및 경쟁력 향상을 가져올 것이며, 나아가 경제다각화 및 대외직접투자 활성화를 견인할 것으로 전망된다.

하지만 러시아 경제에 대한 낙관적인 전망이 현실성 있는 시나리오가 되기 위해서는 러시아 경제 내에 고착된 구조적 문제점, 즉 천연자원 수출에 의존하는 '천연자원 의존형' 경제 구조, 제도적인 규제개혁의 미흡, 취약한 금융시스템, 인구학적 위기, 사회 전체에 만연된 부패, 범죄의 조직화·구조화 등과 같은 도전요인들을 극복해야 할 것이다.

다. 러시아 외교안보 정책의 기본 방향

러시아 외교안보 정책은 내용상으로는 지속성을 유지하되, 형식상의 변화를 추구하며 변화하는 환경에의 적응을 시도할 것으로 예상된다. 외교노선은 기존의 강대국 노선, 실용주의 노선, 다면적 전방위 외교를 통한 지전략적 복합화 노선을 견지해 나갈 것으로 보이며, 이에 혁신화된 외교로서 공공외교가 주가될 것으로 전망된다. 그리고 권위주의적 국가체제, 정책 효율성 강조, 현실주의적 실용주의 외교 노선 등이 국가발전 모델의 중심이 될 것으로 전망된다. 또한 외교적으로 러시아는 독립된 전략적 행위자로서 자리매김하고 서방의 첨단기술에 대한 접근을 강화하는 한편, G20과 같은 다양한 국제적 의제 조율기구들에 대한 참여를 모색하여 외교적 외연을 넓히며 CIS 국가들과의 독립된 경제 단위를 구축하는 정책기조를 유지할 것으로 전망된다.

나아가 러시아는 석유·가스 수출국으로서의 지위 및 군사적 강국의 지위를 강화하고, 지정학, 지경학적 중요성을 지닌 러시아 극동시베리아 지역 개발에 한층 더 힘을 쏟을 것으로 예상된다. 푸틴 정부 3기 들어 극동개발부를 신설하고 '극동 및 바이칼 지역 사회경제 발전 2025' 계획을 승인하는 등 향후 보다 강력하게 시베리아·극동지역 개발을 추진하면서 아태경제권으로의 편입 및 동북아 국가들과의 협력을 강화하기 위한 노력을 경주하게 될 것으로 전망된다. 러시아의 장기사회경제발전 전망에 따르면 극동·자바이칼 지역은 2020년까지 역내 GDP가 12배 늘어나고, 30개에 달하는 대규모 산업 시설들이 건설될 예정이다.

현재 러시아는 '유로-태평양'(Euro-Pacific) 국가임을 천명하고, 서구 중시의 전통적 외교정책 성향에서 점차 벗어나 아태지역의 중요성을 재발견하고 있는 중이다. 우랄과 태평양 사이에 위치한 러시아 동부 지역을 발전시킬 필요성을 느끼고 있으며, 중국 부상에 대한 관리, 한국, 일본 등 경제발전국가에의 접근 기회를 찾으려고 노력할 것이다.

라. 동북아 지역에서 추구하는 러시아의 전략적 목표

러시아의 관점에서 동아시아는 유라시아 전체 지역 중에서 동쪽의 한 축이자, 전략적 요충지이다. 세계에서 가장 역동적으로 발전하고 있는 한, 중, 일 3국이 있으며, 경제적 측면에서도 철의 실크로드 구상, 에너지망 연결 프로젝트 등 극동시베리아 개발과 연계될 수 있다. 이런 점에서 미래지향적 의미를 담고 있는 중요한 지역으로 인식하고 있다.

또한 러시아는 역내에서 유라시아권 내 동서 간 전략적 균형을 도모하고, 북핵 6자회담에서 러시아의 역할을 확대하며, 동북아 다자안보체제를 구축하고, 극동시베리아 개발에 역내 국가들의 참여를 유도하는 등의 정책 목표와 이해관계를 갖고 있다.

동북아 지역에서 러시아는 세력균형을 달성할 유라시아 연대망 구축, 지경학적 협력과 투자 유인, 포괄적 외교 수단으로서 에너지 자원 활용 전략을 구사해 왔으며, 이러한 목표는 앞으로도 변함없이 추구될 것으로 전망된다.

무엇보다 러시아의 동북아 정책에서 주목해야 할 것은 다자주의적 접근을 포함하는 다면적 동북아 지역협력을 촉진하기 위한 러시아의 노력이다.

중국, 일본, 한국이 주도하는 동북아공동체 논의에서 러시아는 장외 행위자로 취급되는 경향이 강하다. 중국이 지역·글로벌 경제 강국이 될수록 러시아는 경쟁우위를 상실하게 되고, 정치적 입지도 약화될 수 있다. 이런 상황에서 러시아는 미·중, 중·일 간 마찰을 이용하려는 정치적 유혹에 빠질 가능성이 높다. 그러나 이러한 외교적 행태는 소탐대실의 결과를 초래할 수도 있다.

중국의 부상과 관련하여 극동·동시베리아 지역에서 경제적(인구학적) '침탈'로 해석되는 현상들은 정치적 분쟁의 가능성을 안고 있다. 반면에 중국의 시장화와 민주화로 촉발되는 역내 양자, 삼자, 다자간 협력 구도들은 그러한 잠재적 위협의 현실화를 최소화하면서 러시아에게 동북아 지역주의에 참여할 기회를 제공할 수 있다.

러시아는 지정학적 갈등의 공간에 둥지를 틀기보다는 러시아를 배제한 채 진행되는 역내 국가들의 파트너십의 구축을 경계한다. 따라서, 러시아는 역내 국가들의 이해관계가 결합되고 상호보완적 협력 메커니즘이 작동하는 분야를 선도적으로 발굴하고 현실화할 가능성이 있다.

러시아는 기본적으로 북핵문제는 6자회담을 통해 외교적·평화적 방식으로 해결해야 하고, 북한의 핵포기에 미국 등 관련국들의 안전보장 및 상응하는 경제원조 조치가 뒤따라야 한다는 입장을 견지하고 있다. 6자회담의 관련국으로서 러시아의 적극적인 참여와 역할은 강대국 지위 복원이라는 전략적 과제에도 부합되며, 북핵문제의 해결 과정에서 한반도내 러시아의 입지를 제고하는 데 크게 기여할 것으로 판단하고 있다.

이외에 러시아는 아태경제협력체(APEC), 동아시아정상회의(EAS), 아시아교류신뢰구축회의(CICA), 아시아유럽회의(ASEM), 아세안안보포럼(ARF) 등의 지역 다자협력 기제에 적극적으로 참여함으로써 역내 영향력의 통로를 다기화하고 있다.

결국 러시아는 동북아에서 주도적 지위를 획득하려는 욕구보다는 영향력을 유지하며 실질적 이익을 지속적으로 담보해 낼 수 있는 조건을 창출하는 실리에 관심을 더 크게 가지고 있으며, 이에 대한 대가의 지불을 적극적으로 고려하고 있는 것으로 보이지는 않는다.

마. 러시아의 한반도 정책의 목표

한반도와 관련하여 러시아는 남북한과 동시에 정상적 관계를 유지하는 입장을 견지할 것이다. 기본적으로 러시아의 대남북한 균형접근 및 등거리 정책도 변함없이 지속될 것이다. 이러한 균형적 접근은 한국의 입장에서 크게 문제시 될 것은 없다. 왜냐하면 러시아의 북한에 대한 영향력의 유지는 한국과 러시아의 전략적 협력의 중요한 기반이 될 수 있기 때문이다.

또한 중국과 달리 러시아는 한반도 냉전구도의 해체와 통일로부터 상당한 이익을 볼 수 있는 국가이다. 러시아는 통일한반도와 접경국이 됨으로써 동북아에서 무시할 수 없는 발언권을 갖게 되고, 모스크바를 중심에 놓고 사고했던 한국 사회 내부의 '지리적 원격성'이라는 심리적 장벽을 해소할 수도 있을 것이다.

기본적으로 한반도에 대한 러시아의 외교정책 목표는 안정적으로 국내개혁을 추진하기 위한 평화롭고 안정적인 한반도 안보환경을 조성하는데 있다. 이러한 정책 목표는 향후에도 지속될 것이다.

이를 위해 러시아는 안보적으로는 북핵문제의 평화적 해결, 한반도 비핵화 및 대량살상무기 개발 및 확산 저지, 남·북한의 반(反)러시아화 방지, 6자회담에서의 러시아 역할 강화, 한국에 대한 북한 지렛대 활용 강화 등을 추진하고 있다. 경제이익 측면에서는 아태지역 경제권 진출을 위한 교두보를 확보하고자 하며, 에너지자원의 안정적 수출과 극동 시베리아 개발에의 참여 등을 우선적으로 추진하고 있다. 이 역시 변함없이 지속될 중장기적 정책 목표이자 방향이다. 지역협력 측면에서는 최근 아시아 및 아태지역에 대한 협력을 강화하기 위한 다양한 계획을 입안하고 외교적 자산을 투여하고 있다. 이러한 러시아의 아태지역 진입 및 영향력 강화를 위한 노력은 향후 러시아 외교의 가장 두드러진 특징으로 자리잡게 될 것이다. '유로-태평양'(Euro-Pacific) 국가로서 러시아는 아태지역에서의 위상 강화를 위하여 한반도에서의 에너지, 교통인프라 및 물류, 식량안보, 해양자원, 교육 및 과학기술 등의 분야에서 협력을 강화해 나갈 것이다.

바. 러시아가 보는 한국과 북한의 가치

러시아는 한반도를 대륙과 해양을 연결하는 동북아의 전략적 요충지로 보고 있으며, 역내 안보질서 구축에 있어 지전략적 가치를 지닌 것으로 판단하고 있다. 한국을 중국과 일본을 견제할 수 있는 동북아 세력균형의 중요한 거점으로 파악하고 있다. 나아가 동북아 안보의 새로운 평화유지의 기초로서 동북아 안보체계의 창출을 위한 다자안보체제 구축에 기여할 협력 대상으로 인식하고 있다. 또한 아태지역으로 진출하는 교두보로서 세계경제 편입을 위한 잠재적 시장을 보유하고 있으며, 가스관 건설사업이나 TSR-TKR 연결사업 등 남·북·러 3각 경협 및 극동시베리아 개발에의 양자 및 다자적 참여 등을 통해 경제적 실익을 안겨줄 수 있는 파트너로서의 가능성이 높은 대상으로 인식하고 있다. 특히 한국은 러시아의 아태지역 경제권으로의 편입을 위한 교두보로서 시베리아 극동지역 개발에 대한 중요한 협력자로 기대하고 있는 것으로 보인다.

러시아의 입장에서 북한은 군사안보적 완충국가로서 정치, 군사안보적 가치를 지니고 있어 이에 대한 기본적 이해는 변함이 없을 것으로 예상된다. 또한 권력세습, 경제난 등 북한의 대내정세 불안정에 따른 급격한 정치변동 출현 가능성에 대한 대비책도 마련해 나갈 것으로 보인다. 전반적으로 이전에 비해 고위급 인사교류 활성화, 인도적, 물적 지원 확대 등 대북 접근을 강화시켜 나갈 가능성이 높다.

북핵문제와 관련하여 러시아는 '한반도 비핵화'의 기본 입장을 견지한 가운데 북한의 NPT 복귀 및 IAEA 사찰 허용, 문서로 보장된 북한의 안전보장 확약, 북·미 및 주변 다자간 대화 지지, 6자회담을 통한 외교적·평화적 해결을 강조한다. 미·북간 중간자적 입장에서 건설적 중재자 내지 조정자로서의 역할을 부각시키려 노력할 것이다. 최근 6자회담이 재개되지 않은 가운데 3자 내지 4자회담 거론, 6자회담 무용론 등 한반도 문제의 당사자로서 러시아의 위상을 위협하는 상황이 현실화되지 않도록 사전에 대비하는 외교적 노력도 배가시켜 나갈 것이다.

러시아 정부가 북한의 급변사태에 대해 대비하고 있다고 밝힌 공식문건은 발견되지 않는다. 또한 러시아 내 한반도 전문가들의 상당수는 북한에서 체제 와해, 또는 급격한 정치변동이 일어날 가능성이 비교적 낮은 것으로 평가하고 있다. 그럼에도 불구하고 만약 급변사태 등 북한 내 불안정 상황이 발생할 경우에 러시아는 나름대로의 대북조치를 취할 것으로 판단된다. 자국 국경의 안정성 확보, 재북(在北) 러시아인 보호, 대량살상무기의 투명한 국제적 처리, 유엔안보리 상임이사국의 임무 수행 등 다양한 개입 명분을 내세울 수 있다. 또한 러시아는 2000년 2월 체결한 북·러 신(新)우호조약 제2조에 명기된 "양국 간 안보위협 발생 시 즉각 협의한다"는 내용을 토대로 북한에 개입할 수 있는 여지를 남겨두고 있다. 러시아는 북한의 대내 상황은 물론, 주변국들의 비군사적 및 군사적 동향, 전략적 내지 경제적 이익관계 등을 다차원적으로 고려하면서 대응 조치의 수위를 결정해 나갈 것이다. 다만 공세적이고 적극적인 행태보다는 국제법 준수와 한반도 당사자로서의 개입을 확증하는 수준에서 관련 정책을 추진할 것으로 보인다.

3. 동북아와 한국외교

현 박근혜 정부가 추진하고 있는 대외정책 중 러시아와 깊이 관련 있는 부문을 살펴보면 다음과 같다. 박근혜정부의 대외정책을 지역적으로 보여주는 골간은 한반도 신뢰프로세스, 동북아 평화협력 구상, 유라시아 이니셔티브로 연결되는 일련의 외교정책적 기조와 연관되어 있다. 이들이 가지는 연관성에 대한 논의는 2014년 8월 국가안보실(http://www.president.go.kr)에서 발표한 '국가안보전략'에 잘 드러나고 있다. <그림 1>은 현재 한국의 국가안보전략 체계가 박근혜정부의 국정운영과 연계되어 가지는 위상과 내용과 그에 기반한 기본적 목표들을 이해하는데 도움을 준다.

2014년 통일부와 외교부가 밝힌 업무보고에는 러시아와 관련

<그림 1> 한국의 국가안보전략 체계

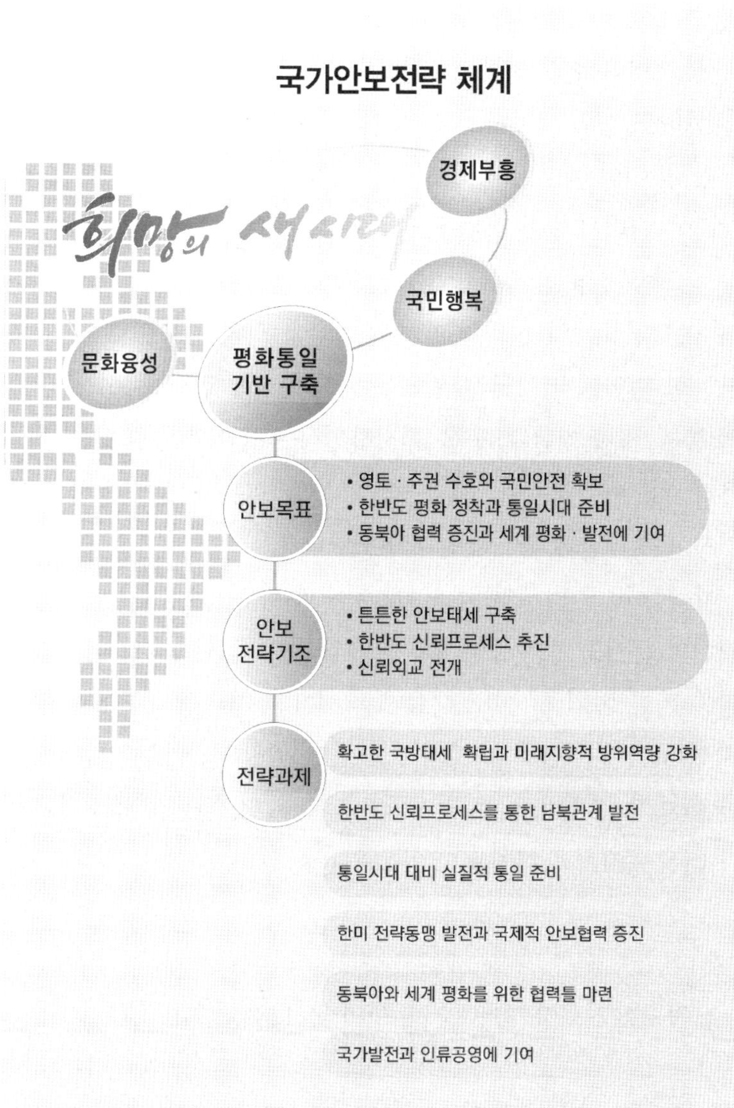

출처: 국가안보실, 『국가안보전략』 서울: 국가안보실, 2014, 9쪽.

해 주목되는 부문이 담겨 있다. 통일부(http://www.unikorea.go.kr)의 경우 '신뢰와 협력을 통한 평화통일의 기틀 마련'을 정책 목표로 삼고, 3대 추진 전략으로 ① 한반도의 지속 가능한 평화구축, ② 한반도 신뢰 프로세스 본격 가동, ③ 한반도 통일시대 준비를 꼽았다. 이의 세부 실천 방안에는 DMZ 세계평화공원 조성, '유라시아 이니셔티브' 실현을 위한 남북협력 추진 등이 담겨져 있다. 외교부(http://www.mofa.go.kr) 역시 '새로운 한반도 시대를 열어가는 평화통일 신뢰외교' 제하에 3대 정책 방향으로 ① 지속 가능한 평화정착, ② 국제협력을 통한 북한의 변화 유도, ③ 국제적 통일 지지 기반 확충을 제시하였다. 나진~하산 물류사업 등 유라시아 이니셔티브 사업 중점 추진을 비롯해 정책 방향 모두 러시아와 직간접적으로 연계되어 있다.

이처럼 한국 정부의 외교안보 정책과 관련하여 최근에 발표된 일련의 문서들에서 동아시아 국제질서의 재편 움직임과 한반도 정세 변화 속에 그 어느 때보다 러시아의 중요성과 구체적인 관계 개선의 목표들이 가시적으로 표출되게 되었다는 점을 주목할 필요가 있으며, 이는 러시아가 동북아 및 한반도에서 과거보다 더욱 중요하게 다가오고 있음을 반증한다.

4. 한국과 러시아 관계 발전을 위한 핵심 목표

21세기 초반 동북아시아 정세에 대한 전망은 전반적으로 역내 국가들이 변동의 불안정성을 관리하면서 지역적 안정과 평화를 바라는 정책 기조를 잘 드러내주고 있다. 이는 각국의 대내 발전을 위해서도 그렇고, 국제적 가치의 공동 구현이라는 측면에서도 필수적 조건이다. 앞서 살펴본 바와 같이 러시아와 한국의 외교정책적 기조도 예외는 아니다.

무엇보다 미·일·중·러 주요국들의 역내 안정과 평화에 대한 기본 인식과 필요성이 지속되도록 분위기를 만들어가는 것이 중요하다. 한·미·일, 한·중·일 구도 외에도 한·러·미, 한·러·일, 한·미·중·러 등과 같은 다양한 형태의 소통과 대화의 틀을 동시에 활성화할 필요가 있다. 더불어 동아시아 소지역, 지역, 광역 및 지구 차원의 협력 네트워크를 강화해야 한다.

미·중·러 전략적 삼각구도 속에서 상호협력을 지향하도록 지역정치 구도를 개편해 나가는 것이 한국에게는 유리한 환경이 될 수 있다. 미·중·러 삼각구도에서 미·중 간 경쟁과 갈등을 예방 내지 완화하는 러시아의 건설적 역할이 가능하도록 한·러 협력방안을 찾아야 한다. 러시아의 중재자로서의 기여는 동북아에서 지역정치의 안정과 평화, 그리고 공동번영을 증진시킬 수 있다. 러시아의 역내 전략적 행위자로서의 역할이 촉진되는 것은 한국외교의 환경을 개선하는 일이 될 수 있다.

러시아는 내부적인 정치·경제적 굴곡을 겪으면서도 동북아 및 한반도에서의 영향력을 강화해 나가려 할 것이다. 다행스러운 것은 러시아가 경쟁의 대상이라기보다 협력의 대상이 될 가능성이 높다는 점이다. 즉 러시아가 우리와 상호이익을 추구할 수 있는 보완적 관계 구조 속에서 전략적 동반자관계를 추구해 갈 수 있다.

체제전환 이후 러시아는 자유민주주의 체제와 시장경제를 지향하는 가치적 동질 국가로서 동북아 평화와 발전을 위한 중재자와 조력자의 위상을 가지고 있다. 안보적 측면에서 북핵문제 해결에 있어서도 긍정적 역할을 기대할 수 있으며, 한반도 평화통일을 지원하는 우호세력이 될 수 있다. 또한 중국의 부상에 따른 점증하는 미·중 경쟁 구도 속에서 한국과의 협력을 통해 역내 균형과 안정을 달성하는 데 기여할 수 있다. 경제적으로 러시아는 우리에게 있어 향후 극동시베리아 개발 과정에서 우리의 자본, 기술, 경영 능력을 펼칠 수 있는 기회의 땅이자 도전을 창출하는 뉴프런티어이다. 나아가 지역적으로 기존 '대륙세력 대 해양세력' 사이의 경쟁적 구도를 넘어서 역내 국가들의 공유이익에 대한 합의를 전제로 하는 지역 협력모델을 가꾸어 나가는 과정에서, 지역 질서에 대한 관점과 이익을 공유하는 협력 파트너가 될 수 있다. 따라서 '가능성으로 존재하는' 양국 간 '공유이익'을 '전략협력'을 통해 현실화 및 심화하는 것을 향후 양국 관계의 핵심적 목표로 삼아야 할 것이다.

<그림 2>

대러시아 외교의 목표, 당면과제, 추진방향, 실천방안

대러 외교 목표

한·러 간 공유이익을 실현하는 전략협력의 실질화, 심화, 발전

↓

당면 과제

상호 이해와 존중에 기반한 양국관계의 안정화
한반도 통일 과정의 후원자 및 통일한국의 우호세력화
한·러 경협 증진을 통한 공동 번영 창출
한·러 이해증진을 위한 네트워크외교 확대
동북아 다자안보협력체 구축에서의 전략 협력

↓

추진 방향

[전략적 협력의 저변 확충]
한·러 간 올바른 국가이미지, 이해도 제고 및 신뢰구축 증진
상호 공공외교 부문의 강화 및 대화 채널의 정비
양국 관계의 발전을 이끌 전문가 및 차세대 지도자의 육성
양국 관계의 관계강화를 위한 제도 강화 및 저변 확충

[한반도 통일기반 조성 및 통일과정의 촉진]
한반도 통일과정에의 우호적 국제환경 조성과 러시아의 긍정적 역할 제고
한반도 공영 네트워크의 구축을 위한 협력
남·북·중·러 지역경협(가칭 북방지역국제경협)벨트 구축
러시아가 추진하고 있는 국가발전프로젝트에의 적극 호응 및 참여 확대

[동북아 및 유라시아 지역질서 안정과 공영]
동북아 세력전이와 지역질서 재편과정에 대한 조응 및 역내 안정적 안보환경 창출
역내 강대국 협조에 기반한 다자안보체제 형성을 위한 러시아와의 협력
유라시아 평화와 공영을 추동하는 양국 간 창조적 협력

↓

↓

실천방안

분야	실천방안
외교·안보	- 한·러 전략적 소통 협력 강화 - 한·러 미래 비전의 구상, 對러 그랜드 전략 플랜 성안·실천 - 러시아 시베리아, 연해주 개발협력 전략 방안 강구 및 실천 - 한반도 평화체제구축 및 통일과정에서 러시아의 건설적 역할의 유도 - 우리의 외교정책 추진에 있어 "러시아 변수"의 중요성 인식 및 국가 어젠다화 - 유라시아 정책의 추진을 위한 유라시아국 신설 및 정책개발
지역 다자주의 및 소지역 협력	- 한·러 양국 사이의 지리적 범주에 따른 공유이익 발굴과 전략협력 실현 - 역내 다자협력체제 개발을 위한 관점에서 한·러관계 발전 전략을 재구성 - 동북아 다자주의, 소지역주의 협력과 연계된 미래 구상 및 각종 프로젝트 평가·선정 - 동북아 다자협력을 위해 에너지 분야에서의 협력을 신중히 검토하고 추진
실질협력 외교	- 교역 잠재력의 실현과 새로운 협력 분야의 발굴 - 기존 에너지 및 물류 분야의 프로젝트를 창의적으로 실현 ① 에너지 전략협력 실현 ② 철도연결 및 물류 기반구축 협력 ③ 북극해 지역개발 - 농업·어업 분야에서 협력의 잠재력을 현실화
저변확충 외교	- 양국 간 다층적 대화 틀의 점검과 재편 및 지속적 대화의 추진 - 오피니언 리더들 간의 소통 채널 확대 - 한·러경제과학기술협력위원회 및 극동·시베리아개발협력 회의의 내실화 - 새로운 사회·문화·예술 교류 협력모델 구축, 언론인 교류 확대 - 학문후속세대 및 공공외교의 전문가 양성

3 한·러 전략협력의 과제와 추진 방향

1. 한·러 '전략적 협력' 범위와 내용

한국의 대러시아 외교의 기본 방향은 한반도 안정과 평화, 한·러 간 공동번영을 이룩하는 데 있다. 이를 위해 한국은 한·러관계의 발전을 위해 노력하고 있으며, 현재의 전략적 협력 동반자관계를 실질화 및 심화시켜 나가고자 하고 있다.

'전략적'이라는 용어 안에는 다층적 의미가 함축되어 있다. 일단 협력의 주체와 범위가 양자단위, 지역적 단위, 글로벌 단위로 구분될 뿐만 아니라 포괄적 안보까지 확대된 개념으로 이해할 수 있다. 만일 협력의 공간적 범위가 지역적 수준으로 확대될 경우에는 주변국과 전략적 협의를 할 수 있는 소통 구조, 채널 구축이 중대한 과제로 떠오를 수밖에 없다. 한편, '전략 협력'이 '전략적 소통, 공유이익, 실질적 프로그램' 등이 이뤄지는 것을 전제로 한다는 점에서, 그것은 양자관계에서 비전과 전략을 공유하고 상호 공동이해를 극대화해 나간다는 의미도 담고 있다. 결국 '전략적'이라는 용어는 만들어 가는 과정이자 지향점이라는 성격을 동시에 담고 있다.

이와 관련하여 최근 역내 동아시아 정치경제질서 재편과정 속에서 러시아의 정치경제적 중요성과 위상이 증대되고 있음에 주목해야 한다. 역내 주요 행위자로서 러시아의 중요성을 정확하게 인식하고, 러시아와 양자 수준이 포함된 포괄적 의미에서의 전략 협력을 전개해 나가야 한다. 전략적 협력의 범위와 방향 그리고 부문별 주요 협력 대상은 아래의 <표 3>과 같다.

<표 3> 한러 전략적 협력 범위와 방향

범 위	전략적 방향	부문별 협력 대상
양자 수준	- 전략적 협력 동반자관계의 내실화 및 제도화	- 한·러관계의 '미래비전' 제시 및 실천 - 대화채널의 활성화 및 네트워크 형성(기존 전략대화의 확충, KRD 제도화, 한·러 의원연맹 활동 강화 등) - 문화·예술·스포츠 등 사회·문화적 소프트파워 요소의 소통
	- 호혜적 경제관계 구축으로 전략적 경협 추진	- 동북아 국제경협벨트 조성 및 국제투자 유치로 역내 관련국들의 경제발전 도모 - 창-지-투, 연해주, 나선특구를 묶는 국제삼각벨트 협력 구상, 프로젝트 시베리아(Project Siberia) - 범동해권 경제공동체 발전 구상, 환동해권 개발 구상 - 남·북·러 삼각경협 실천(극동시베리아판 개성공단과 농장 설립·운영, 북한통과 가스관건설, TSR-TKR 연결 등)
	- 군사부문에서의 교류 증진과 협력	- 고위급 군인사 교류 교육 - 군사훈련 상호 참관, 합동군사훈련 실시 - 불곰사업 등 군사무기 거래 - 해양안보에서의 공조 - 군사적 신뢰 구축

범 위	전략적 방향	부문별 협력 대상
지역적 수준	- 전략적 소통을 위한 외교 안보현안 해결의 네트워크 형성 - 긍정적 분위기의 동아시아 안보 환경 조성 - 유라시아 평화와 공영의 광역네트워크 구축	- 한반도 비핵화의 실현 및 북한 핵문제 해결 - 한·러 협력을 통한 북한의 개혁·개방 유도, 북한의 정상국가화와 급변사태에 동시에 대비, 통일한국에의 기반 구축 - 역내 안보문제 해결 메커니즘으로 포스트 6자회담 구상, 안보 네트워크 구축, 동아시아안보조약(선언), 대량살상무기(WMD) 비확산 정책 공조 - 한·미·일, 한·미·중, 한·미·러 등 3자(4자) 대화채널 구축 - 다양한 형태의 동북아 다자안보협의체 구축 논의 - 유라시아 대륙의 평화와 공영을 달성해 갈 수 있는 각종 인프라 사업추진 및 다자협력 체제 구축
글로벌 수준	- 양국 간 세계전략에 대한 인식의 소통과 이해 - 보편적 가치의 공유 - 포괄적 안보 사안에 대한 정책 협의	- 테러리즘 대처, 대량살상무기 확산 금지 공조, NPT 체제 유지 - UN을 통한 PKO 활동 전개 - 기후변화와 국제보건 협력 - 국제규범과 국제법 준수 - ASEM, APEC, ARF, EAS, IAEA 등에서의 정책 공조 - 빈국에 대한 한·러 지원협력 프로그램 개발 - 글로벌 거버넌스 강화에의 공조

먼저 양자 수준의 전략 협력이 가장 핵심적이고, 기본적인 관계 발전의 출발선이 된다. 여기에서는 크게 전략적 협력 동반자 관계의 내실화 및 제도화, 호혜적 경제관계 구축으로 전략적 경협 추진, 군사부문에서의 교류 증진과 협력 등이 주요 전략적 방향으로 설정될 수 있다.

다음 동북아 지역 수준의 전략 협력으로는 전략적 소통을 위한 외교 안보현안 해결의 네트워크 형성 및 긍정적 분위기의 안보 환경 조성이다. 여기에서는 한반도 비핵화의 실현 및 북한 핵문제 해결이 최우선 사안이며, 한·러 협력을 통한 북한의 개혁·개방 유도, 북한의 정상국가화와 급변사태 가능성 대비, 통일한국에의 기반 구축 등이 포함된다. 이밖에도 역내 안보문제 해결의 메커니즘으로 포스트 6자회담 구상, 안보 네트워크 구축, 동아시아안보조약(선언), 대량살상무기(WMD) 비확산 정책 공조, 한·미·일, 한·미·중, 한·미·러 등 3자(혹은 4자) 대화채널 구축도 이에 해당된다. 한국이 대중, 대일 견제의 세력균형자로서의 역할 제고가 이뤄질 가능성을 염두에 둔 것이다. 다양한 형태의 동북아 다자안보협의체 구축 논의도 전략 협력의 일부를 이룬다.

또한 광역 지역 수준에서의 전략협력의 중요한 목표로 유라시아 대륙에서의 안정과 평화를 담보해 낼 수 있는 다양한 협력 구상을 함께 논의하고, 특히 이러한 평화를 실제적으로 증진해 가면서도 공동 번영의 결과를 가져올 수 있는 다양한 사업들을 추진하는 것이 양국 간 전략협력의 중요한 방향이 되어야 한다.

마지막으로 지구적 수준의 전략 협력은 양국 간 세계전략에 대한 소통과 이해의 확대, 보편적 가치에 대한 공유, 포괄적 안보사안에 대한 정책 협의를 전제로 이뤄지는 것이다. 여기서 기초적인 과제로는 테러리즘 대처, 대량살상무기 확산 금지 공조, PSI 공조, UN을 통한 PKO 활동 전개, 소말리아 해적 퇴치, 기후변화와 국제보건 협력 등을 꼽을 수 있을 것이다. 이밖에 국제규범과 국제법 준수, NPT 체제 유지, ASEM, APEC, ARF, EAS, IAEA 등에서의 정책 공조, 빈국에 대한 한·러 지원협력 프로그램 개발, 글로벌 거버넌스 강화에의 공조 등도 이에 해당된다.

결론적으로 위의 기준을 바탕으로 판단해 보건대 한·러 간 전략적 협력은 전략적 소통, 전략의 조율, 공통의 전략적 결과를 지향하는 프로젝트의 실천 등 세 측면에서 볼 때에 아직 진정한 의미에서 전략적 협력 단계에 진입해 있다고 보기는 어렵다. 정확히 말하자면 현 단계 양국관계는 양자, 남·북·러 삼자, 동북아 지역 및 유라시아 지역 그리고 지구적 의미에서의 다층적 협력의 균형점을 찾아가는 전략 협력의 모색 단계에 막 진입했다고 볼 수 있다. 따라서 앞으로 한·러 양국은 '전략적 소통, 공유이익, 실질적 프로그램' 등을 기준으로 명실상부한 실질적 전략 협력이 본격적으로 추진되는 전략적 협력의 도정에 함께 나가야 할 것이다.

2. 한·러 전략적 협력의 당면과제와 추진 방향

가. 당면 과제

현 단계 한·러관계를 양국의 전략적 협력관계를 실질화 및 심화시키는 방향으로 발전시키기 위해 양국 정부가 해결하여야 할 당면 과제로는 다음이 시급하다.

첫째, 대러 외교 추진에 있어 중요한 것은 관계의 안정성을 확보하는 것이나. 이를 위해서는 양국이 지향하는 지구적 및 지역적 전략을 상호 존중하고, 그간 각국이 쌓아 올린 외교적 성과를 이해하는 자세가 중요하다. 설혹 부분적으로 전략적 상충점이 존재하다고 하더라도 그것으로 갈등을 일으키는 방향이 아니라 그 부문을 우회하며 건설적인 역할을 함께 모색하는 전략 협력의 실천방향을 찾아가는 것이 더 중요하다. 이것이 향후 양국이 외교적 수사에 그치지 않는 실질적 '신략 협력'을 도모하는 과정에서 지켜야할 우선적 원칙이다.

둘째, 한반도 평화와 통일과정에의 후원자 및 통일한국의 우호세력으로서 러시아의 입지를 강화하는 것이다. 이는 한반도 평화체제의 구축과 미래의 평화적 통일 과정에서 러시아의 긍정적이고 건설적인 역할을 유도하는 것과 연계되어 있다. 이는 북핵문제 해결을 통한 한반도 비핵화 실현, 한반도 군사적 긴장 완화의 중재자 역할 등 궁극적인 한반도 평화와 안정에 기여할 것이다. 즉 러시아를 매개로 한 북한의 대외개방·개혁 유도, 핵문제 해결에의 영향력 제고 가능성 등 대북 관련 정책에서 한·러가 공조할 수 있는 여지를 활용하는 것이다. 나아가 여기에는 남·북·러 삼각경협 구체화 및 경제적 실익 도모, 중국 동북공정(부상)에 대응한 남·북·러 삼각 공조, 북한 급변사태에 대한 정책 공조 및 대비 등도 포함된다.

셋째, 한·러 경협 증진을 통한 공동 번영의 창출이다. 한·러 간의 교역, 투자, 과학기술 협력, 극동시베리아 공동 개발 등 한·러 간 경협을 증진시켜 양국의 공동번영을 추구하는 것이다. 2020년 500억 달러, 2030년 1,000억 달러의 무역고 달성 등 미래 경협 비전과 세부 목표를 설정하는 것이다. 여기에는 한·러 FTA 체결, 호혜적인 남·북·러 삼각 경협의 실현, 에너지 자원과 물류 협력 증대, 극동시베리아 개발 사업에의 참여 등이 포함되며, 현재 러시아정부가 추진 중인 '혁신' 및 '경제현대화' 정책에 부응하여 이의 실현에 적극적으로 참여하는 것도 포함될 수 있다.

<표 4> 대러 전략 협력의 당면과제와 주요 내용

당면 과제	주요 내용
상호 존중에 기반한 양국 관계의 안정화	• 한·러 전략적 협력 동반자관계 수립(2008. 9월 정상회담, 모스크바) 이후 지체되어 온, 외교적 수사를 넘어선 실질적 '전략 협력'을 도모 • 상대국 외교적 성과에 대한 존중과 이해 제고 및 인식격차(이견) 해소 노력 • 전략적 차이점에 대한 이해, 우회적 협력 방안 모색 노력
한반도 통일 과정의 후원자 및 통일한국의 우호세력화	• 한반도 평화통일과 평화체제 구축 과정에서 러의 긍정적·건설적인 역할 유도 - 북핵 문제 해결을 통한 한반도 비핵화 실현 - 한반도 군사적 긴장 완화의 중재자 역할 - 대북 관련 정책에서 한·러 공조(북한의 개방·개혁 유도, 북핵 문제 해결에의 영향력 제고, 북한 급변사태에 대한 정책 공조 등) - 남·북·러 삼각경협의 구체화 및 경제적 실익 도모, 중국 동북공정(부상)에 대응한 남·북·러 삼각 공조
한·러 경협 증진을 통한 공동 번영 창출	• 교역, 투자, 과학기술 협력, 극동·시베리아 공동 개발 등 한·러 간 전 부문에 걸친 경협 잠재력 극대화 • 장기 미래 경협 비전과 세부 목표의 설정 및 추진 - 2020년 5백억 달러, 2030년 1천억 달러 무역고 달성 등 • 한·러 FTA 체결, 호혜적인 남·북·러 삼각경협의 실현, 에너지자원과 물류협력 증대, 극동·시베리아 개발 사업에의 참여, 북극해 지역개발과 북극항로 활성화를 위한 공동협력 • 북극지역 개발과 북극항로 활성화를 위한 공동협력 • 러시아의 '경제현대화' 프로그램과의 전략적 협력 및 지원
한·러 이해증진을 위한 네트워크외교 확대	• 한·러관계 질직 발진의 도디 구축 • 상호 왜곡된 이미지 및 오해 불식, 신뢰 구축 • 다양한 대화채널, 인사교류, 문화축전, 후속세대 및 차세대 발굴과 지원 등 공공외교와 저변 확충
동북아 다자안보협력체 구축에서의 전략 협력	• 한·러 간 21세기 전략적 안보협력 도모 • 동북아 지역의 평화와 번영의 동반자 역할 제고 • 6자회담 이후 동북아 평화안보체제(peace and security mechanism) 구축 관련 논의 활성화 • 소지역협력의 고리를 통한 경제적 협력 성과의 안보적 성과로의 확산 도모

넷째, 한·러 이해증진 네트워크 외교의 확대이다. 사실 이 부문은 지난 20여 년간 한·러관계 발전을 가장 크게 제약한 요인이었으며, 따라서 향후 한·러관계를 질적으로 진전시키는 토대가 될 수 있다. 상호 국가에 대한 잘못된 이미지와 오해를 불식시키고, 진정한 전략적 협력 동반자 관계로 가기 위한 신뢰를 구축하며 이해의 폭을 확대하는 것이 주요 내용이 될 것이다. 이에는 관·산·학을 비롯한 모든 분야가 포함되며, 다양한 대화채널, 인사교류, 문화축전, 후속세대 및 차세대 발굴과 지원 등 공공외교와 저변 확충외교가 긴요하다.

다섯째, 21세기 역내 안보문제의 해결 기제로서 동북아 다자안보협력체를 구축하는 것이다. 이러한 목표아래 한·러 간 21세기 전략적 안보협력을 도모하고, 동북아 지역의 평화와 번영의 동반자 역할을 제고하는 것이다. 더구나 러시아와 한국의 경제적 협력과 이와 연관된 소지역 협력의 추진은 역내 다자주의적 안보협력을 촉진하는 기제로 발전될 수 있다. 현재 러시아는 6자회담의 동북아 평화안보체제(peace and security mechanism) 실무그룹 협상 주관국이다. 결국 러시아와의 협력을 통해 포스트 6자회담의 전략적 틀을 만들어내는 등 역내 안정과 평화에 기여할 다자안보협력체를 구축하는 것이 매우 중요하다. 이와 관련하여 동북아안보협의체, 북태평양안보협의체(NPSO), 동북아안보협력기구(NASO), 아시아판 유럽안보협력기구(OSCE)의 아시아판 모형 등 다양한 다자안보협의체 아이디어가 제시되고 있고, 앞으로 이에 대한 논의는 더욱 활성화될 것으로 전망된다.

나. 추진 방향

앞서 언급한대로 제기된 당면 과제들을 해결하고 적절한 수준과 범위에서 설정된 전략적 방향에 따라 일관되게 실행되기 위해서는 양국은 전략 협력을 다음과 같은 기본 방향에 따라 추진하여야 한다.

첫째, 양국 간 관계의 저변을 다지는 전략협력 기반조성 외교의 추진이 필요하다.

- 우선, 한·러 간 올바른 국가이미지, 이해도 제고 및 신뢰 구축을 증진하여야 한다. 러시아는 한국이 안보를 미국에 의존하고 있으며, 경제적 대외의존도가 높아 국제경제 위기에 매우 취약한 국가로 인식하고 있다. 반면, 한국사회에서는 사회주의 경제의 몰락과 구소련 체제의 붕괴 이후 러시아에 대한 우월감 내지 러시아 경시 분위기가 팽배하기도 했다. 이것은 모두 양국에 대한 이해가 부족했다는 것을 반영하는 것이다.
- 공공외교 부문에서 전략 협력을 실현해야 한다. 이는 양국의 이미지를 제고하고 함께 파트너로서의 협력을 학습하며 시너지 효과를 내는 이중적 효과를 거둘 수 있는 분야이다.
- 한·러대화(KRD), 한·러포럼, 한·러비즈니스 포럼, 한·러의원교류협의회 등 각종 대화채널들을 점검하여 그 효과성을 제고하는 방향으로 대화채널을 재편하여 운영하고, 한·러 정부간 회의체는 그 기능을 확대하고 정례성을 확보하는 방향으로 진행되어야 한다.

- 또한 사회, 문화, 교육 등 분야별 네트워킹 허브를 발굴, 지원하는 것도 필요하다. 중장기적으로 여기에는 인재 및 전문가 양성, 차세대 친한·지한 지도자의 발굴 및 육성도 포함될 수 있다.

둘째, 한반도 통일기반 조성 및 통일과정 촉진을 위한 전략 협력의 방향을 공동으로 견지하는 전략협력이 필요하다.

- 한반도 통일과정에의 우호적 국제환경 조성과 러시아의 긍정적 역할을 제고해야 한다. 러시아는 동북아 세력균형 조정 및 재편에 참여하고 있고, 중장기적으로 대중, 대일 견제의 지렛대로 한반도의 전략적 중요성을 인식하고 있다. 따라서 러시아와의 전략적 대화 및 소통을 견인할 수 있는 가능성이 열리게 된다. 통일한국이 상호 발전 비전을 공유하고, 공동이해의 극대화를 도모할 수 있는 지름길임을 설득하고 러시아의 지역 질서에 대한 건설적인 역할을 유도하는 것이 필요하다.
- 한반도 공영 네트워크를 구축하여야 한다. 이의 기본은 한·러 간 실질 협력의 강화에서 출발한다. 역내 안정과 평화, 공동번영의 비전을 공유하는 네트워크를 창출해야 한다. 우선은 전방위적 전략 협력 강화를 통해 양국 간 공유이익의 극대화를 도모하는 네트워크 구축이 필요하며, 여기에는 주변국들이 참여하는 다자 네트워크 창출도 포함된다.
- 러시아가 추진하고 있는 국가발전프로젝트, 즉 극동시베리아 개발 및 경제현대화 정책에 적극 호응하고 이에 대한 참여

를 확대하여야 한다.

- 남·북·중·러 지역경협벨트(가칭 북방지역국제경협)를 구축해야 한다. 국제경협을 통해 역내 국경지역을 벨트화하고 공동발전을 실천해가야 한다. 한·러 간 호혜적 경제관계 구축에서 더 나가 동북아경제협력체(공동체)를 지향함으로써 궁극적으로 역내 국가 간 상호의존을 심화시키고 지역 전체의 공동 발전을 가져오는 계기를 마련해야 한다.

셋째, 동북아 및 유라시아 지역의 안정과 공영을 위한 기반을 구축하는 방향으로 양국의 전략적 협력을 추진할 필요가 있다.

- '동북아 세력전이'와 지역질서 재편 과정에 대한 조응 및 역내 안정적 안보환경을 창출하여야 한다. 현재 동북아 지역은 세력균형과 세력전이 양상이 두드러지면서 역내 안보질서가 재편되는 과정에 놓여 있다. 한편, 러시아는 미국 주도의 단극체제에서 벗어나 다극화된 국제체제를 지향하며 세계전략을 구사하고 있고, 세계화 등 글로벌 조류를 고려하며 '현대화'를 통해 국가 재건에 박차를 가하고 있다. 우리로서는 러시아의 이러한 전략적 입장을 고려하며 향후 전개될 역내 질서 재편에 적응해야 한다.
- 역내 강대국 협조에 기반한 다자안보체제 형성을 위해 노력해야 한다. 하지만 이를 일거에 구축하기 어려운 현실을 감안하여 에너지, 물류, 녹색 분야 등에서의 협력이 안보적 협력으로 전이되는 지역협력체제 구축을 위한 전략적 정책공조에 힘써야 한다.

- 유라시아에서의 안정과 공영을 이끌어 갈 수 있는 양국의 창의적인 협력을 고안하고 추진하여야 한다. 특히 이 지역의 발전을 위한 인프라 사업에 대한 구상과 협력이 긴요하다.

4 대러 외교의 실천 방안

이 장에서는 앞서 제시된 양국 간 전략적 협력을 구체화하기 위해서 필요한 대러시아 외교의 목표와 추진을 가능하게 할 실천적 과제들과 그 실현 방안을 한국의 대러시아 외교의 측면에서 주로 검토하도록 한다. 이와 관련하여 외교·안보 전략협력 외교, 동북아 다자주의 및 소지역주의 외교, 실질협력 외교, 저변 확충을 위한 공공외교(public diplomacy)와 문화교류 등 크게 4대 분야에 걸쳐 총 19개의 실천과제를 추출해볼 수 있으며, 그 구체적인 내용과 세부 실현방안은 아래와 같다.

1. 외교·안보 전략협력 외교

첫째, 한·러 전략적 소통 협력을 강화하는 것이다. 이를 위한 세부 실현방안으로는 양국 정상회담을 연례화하고, 제1차관급 전략대화를 2+2(외무+경제), 3+3(외무+경제+문화) 수준으로 확대

격상시키는 것이 필요하다. 외교당국 간 전략대화 외에 한·러 국회의원 간 정치대화, 국방 전략대화, 경협 전략대화 등 다방면의 전략대화를 신설·운영한다. 의원연맹을 통한 교류의 강화는 물론이고, 관·산·학을 연결하는 정책 네트워크 등 한·러 간 각계 각층의 협력 네트워크를 강화한다. 기존 민간차원의 대화 채널을 보다 활성화하고, 공공외교를 확대한다. 군사, 정보 부문에서의 핫라인을 구축한다. 전략 거점지역을 중심으로 총영사관과 KOTRA 사무소를 추가로 개설한다. 분야별, 지역별(중앙/지방) 대러 접촉 창구의 다변화를 통해 러시아에 대한 인적 레버리지를 구축한다.

둘째, 한·러 미래 비전 구상과 대러 그랜드전략 계획을 성안하여, 이를 실천해가는 것이다. 이를 위한 세부 실현방안으로는 동아시아 질서 재편, 남북관계 변수, 대러 정책목표 등 향후 시대적 환경 및 여건의 변화를 반영한 한·러 미래 비전을 성안하고, 정상회담을 통해 이를 추진해 나간다. 외교·안보 분야에서 '한·러 전략적 협력 공동 선언'을 위한 행동계획(action plan)을 수립하고 실천한다. 향후 새로 수립될 행동계획은 지구안보로서 핵 비확산과 환경, 원자력 협력, 동아시아 질서 재편에 대한 이해 제고, 한반도 분단과 북핵문제의 해결, 군사협력, 다자안보체제 등에 관한 협의 내용을 포괄한다. 한국의 외교정책 대강과 연계하여 '유라시아 북방정책', '신북방외교' 등을 포괄하는 '해륙복합국가건설'의 그랜드전략 구상을 수립·실천한다. 러시아의 혁신·현대화 외교에 부응하면서, 한국이 아시아를 연계하는 교량 역할을 수행할 수 있다는 사실을 러시아에 적극적으로 강조한다. 대러 에너지자원 외교에서는 수직적 분업이 아닌 수평적 협력을 기본원칙으로 정착시킨다.

셋째, 러시아 극동·시베리아 개발협력 전략 방안 강구 및 실천이다. 이를 위한 세부 실현방안으로는 러시아 극동·시베리아 지역에서 모범적인 한·러관계 발전의 성공사례를 창출한다. '극동·자바이칼 지역 사회경제 발전 전략 2025'에 부응해 한·러 경협사업을 발굴하고, 구체적인 실천 방안을 수립한다. 동시베리아 가스 도입 사업, 원유파이프라인 건설, 광물자원 개발을 비롯해 남·북·러 3각경협 사안인 북한통과 가스관 연결사업, TSR-TKR 연결, 전력계통 연계, 연해주 농업 개발 등을 실천에 옮긴다. 철도·항만·도로·공항 등 교통인프라 개발, 통신 인프라 개발 및 통신서비스 사업, 물류복합단지 건설, 석유화학산업단지 조성 사업 등에 참여함으로써 극동·시베리아 인프라 구축 사업에의 진출을 도모한다. 한·러 극동시베리아 분과위원회, 극동 개발프로젝트 투자설명회, 극동경제포럼, 바이칼포럼 등을 통해 극동지역에서의 한·러 간 전략적 정책공조 네트워크를 활성화한다. 한국, 러시아, 북한, 일본 4국 간 환동해권 해상협력(네트워크 구축) 및 환동해공동체 구상 실현에 주력한다.

넷째, 한반도 평화체제 구축 및 통일과정에서 러시아의 건설적 역할을 유도하는 것이다. 이를 위한 세부 실현방안으로는 북핵문제 해결을 위한 6자회담 프로세스 재개와 정책 공조, 한반도 평화정착을 위한 공동 노력이 긴요하다. 현재 중·러 전략적 협력 구도가 견고하게 작동하는 상황에서 한반도 문제와 관련된 러시아의 태도를 친한 방향으로 유인할 수 있는 방안을 강구하고, 실천해 나가야 한다. 가장 확실한 방법은 한·러 양국 간 전략적 상호의존도가 주변국들과의 수준을 뛰어넘고, 더불어 상호간 사활적 이해관계가 설정되는 것이다. 현 단계에서 이를 충족시킬 수 있는 여건이 조성되지 않았다는 것은 명확해 보이지만, 중장기적으로는 이러한 목표의식 하에 대러 정책을 전개하는 자세가 필요하다. 단기적으로는 한·러관계 발전의 성공사례를 창출하고, 경협 증진을 통해 전략적 공유이익을 극대화해 나간다. 극동·시베리아 지역과 연계된 남·북·러 3각 경협의 실천은 접경지역 개발이라는 순수한 경제적 이익 외에도 한반도 평화정착 과정에서 러시아의 역할을 제고할 것으로 전망된다. 다른 한편으로 단계적이고 점진적으로 한·러 상호 이해 및 신뢰를 증진시켜 나갈 수 있는 일상적인 범주의 외교적 접근방법을 활용한다. 향후 통일한국의 출현은 이러한 과제의 실현을 훨씬 더 앞당기는 데 디딤돌 역할을 할 것으로 기대된다.

다섯째, 우리의 외교정책 추진에 있어 '러시아 변수'의 중요성을 인식하고, 이를 국가 어젠다화하는 것이다. 이를 위한 세부 실현방안으로는 우선적으로 우리의 외교정책 추진에 있어 대러 외교의 정책적 우선순위를 끌어올리는 것이 필요하다. 현재 러시아는 역내 정치외교, 안보 현안 해결에 있어 결정적인 행위자로 작용한다고 말할 수 없고, 그 영향력도 미국, 중국에 비해 약한 것이 사실이다. 반면에 러시아는 UN 안보리 상임이사국, 제2의 핵무기 보유국, 미국과 함께 국제질서 재편의 주요 행위자로서의 위상을 보유하고 있어 결코 무시하거나 중요성을 간과해서는 안 되는 존재이다. 한반도 안보 환경에 대한 러시아 최고 지도부의 이해도가 비교적 높다는 것을 고려해야 하며, 과거 '4자회담'과 같은 방식으로 러시아를 배제하려는 대안 모색은 치명적인 실책이 될 수 있다. 과거 러시아는 역내 안보 현안에서 소외되는 현상을 타파하기 위해 외교관 맞추방과 같은 공격적 행태를 표출한 바 있고, 그 여파로 우리측 외무장관이 두 차례나 경질되는 사태가 발생했었음에 주목할 필요가 있다. 오히려 역내 평화를 위한 러시아의 역할이 제고되어야 한다는 점을 설득하고, 국제법, 국제레짐, 규범을 준수하는 성향을 강조해 정공법을 구사하는 것이 바람직하다. 구소련 이후 크게 변모한 러시아에 대한 올바른 이해 제고를 위해 국내 저명인사와 여론 주도층의 러시아 방문을 독려해야 하며, 러시아 측 주요 인사들에 대한 초빙외교도 강화해야 한다.

여섯째, 유라시아 대륙을 향한 정책을 한국 외교의 주요 축으로 자리매김하기 위하여 외교부 내 유라시아국의 독립을 포함한 제도적 보완을 하여야 한다. 최근 러시아의 유라시아경제연합 구축을 위한 노력이 구체화 및 가속화되고 있는 상황 속에서 중국의 유라시아 전략도 본격화되고 있다. 한국 정부도 이미 유라시아 이니셔티브를 추진하려는 의지를 천명한 바, 러시아와 중국의 유라시아 개발전략을 고려하는 적극적 유라시아 정책을 입안 추진하여야 하며, 이를 위한 러시아와의 정책적 논의를 발전시켜나가야 한다.

2. 동북아 다자주의 및 소지역주의 외교

첫째, 동북아 다자주의 및 소지역주의 협력에서 한국과 러시아가 전략적 협력을 이루기 위해서는 양국의 대외정책이 구상되고 실천되는 다양한 수준의 지역들이 가지는 지리적 범위를 구획하고 각각의 범위에서 양국이 지니는 공통의 이익을 맞추어보고 이를 함께 실현할 수 있는 방안을 찾는 것이 가장 중요한 출발점이 될 것이다. 양국의 전략적 소통의 과정을 통하여 이를 맞추어보는 작업을 실행하여야 한다.

다자협력과제는 장기적 관점에서 다양한 이해관계를 고려하여 추진해야 한다. 다자협력과제는 국익차원의 전략적 의제들, 즉 동북아평화협력구상, 유라시아 이니셔티브, 한반도신뢰프로세스 등과 긴밀하게 연계하여 추진하되 한반도 현안 해결을 목표로 한 단기적 성과 달성보다는 향후 한반도 통일을 내다보면서 제도적 틀을 구축하는 방향으로 추진할 필요가 있다.

둘째, 한·러관계의 발전전략을 동북아 및 유라시아의 평화와 번영을 위한 역내 다자협력체제 구축의 관점에서 재구성하는 것이다. 특히 세부 실현방안으로 동북아의 다자적 소지역협력(환동해 협력, 남·북·러 삼각협력 등)을 동북아 전역 및 유라시아로 확장하는 협력 거버넌스 창출을 깊이 논의해야 한다. 이와 관련하여 러시아의 극동·시베리아 개발 전략과 한국의 대외전략을 상호 결합시켜 나가는 방안이 출발점이 될 수 있을 것이다. 또한 북한 지역의 개발과 관련하여 중국의 창·지·투 개발 계획이 가지는 공세적 성격을 완화하고, 나진·선봉지역 개발을 놓고 러시아와 중국이 경쟁하는 상황을 조율해 나가는 것도 필요하다.

러시아는 다자협력체제 속에서 아시아 국가들과의 관계를 발전시키기 위한 노력을 진행하고 있다. 6자회담의 참가국이 된 것은 과거 4자회담에서의 소외와 같은 실패를 극복한 러시아 한반도정책의 성공사례로 높이 평가되고 있다. 하지만 러시아는 동북아 다자기구의 단순한 참여자가 되는데 그치지 않고, 지역 안보와 경제 협력을 진전시킬 다자적 기제(mechanism)를 발전시키고 싶어 한다. 러시아는 6자회담을 다자적 평화·안보기구로 발전시키는 아이디어를 강력히 지지하고 있다. 다자적 협력 기제는 러시아의 각 방향별 지역정책에서 가장 중요한 대외정책의 수단으로 활용되고 있다. 러시아는 동북아의 군비경쟁과 대량살상무기의 확산을 원치 않으며, 동북아의 불안정이 확산되는 것을 바라지 않는다. 한국의 창의적 아이디어가 요청되는 지점이다. 이와 관련하여 동북아 다자주의의 핵심적 내포 형성과 그 외연의 확대 과정에서 한·러협력의 전략적 비전을 설정하고 실천하는 제도적 틀을 마련해가야 한다.

동북아의 기본적인 문제는 경제적 상호의존의 증대와 안보적 경쟁의 심화라는 이질적인 두 경향의 불협화음이나. 소위 아시아 패러독스가 존재하고 있는 것이다. 다자주의는 이러한 문제를 극복하는 데 실천적 의미를 갖는다. 아시아지역에는 다양한 다자지역협력 프로젝트와 기구들이 존재하지만 지역협력 레짐의 핵심적 구심점은 동북아의 한국, 중국, 일본, 그리고 역외 참여자인 미국의 협력 형태에 의해 결정될 것이다. 중국이 주도하는 '아세안+3' 내지 '지역포괄경제연대'(RCEP, Regional

Comprehensive Economic Partnership)가 그 기조가 될 것인지, 일본이 주도한 동아시아정상회의(EAS) 및 아·태경제협력체(APEC) 등을 결합한 '아·태공동체' 내지 '범태평양연대'(TPP, Trans-Pacific Partnership)에서 미국이 중요한 역할을 할 것인지가 관건이다. 한국의 입장에서는 ASEAN 등을 통해 우회하는 안보·경제 협력의 접근법을 넘어 동북아 이해당사자들이 직접 다자협력을 통해 안보·경제협력을 추진할 기제를 창출하는 것이 북한 문제를 포함한 한반도 문제를 풀어가는 데 유리할 것이다. 이러한 동아시아 지역협력의 구도에서 러시아의 참여가 어떤 기여를 할 수 있으며 한·러 간의 어떤 협력이 가능할지에 대해 러시아와의 다각적인 대화를 시작할 필요가 있다. 따라서 한국과 러시아가 기본축이 되어 동북아의 소지역주의적 협력을 실현할 수 있는 분야를 발굴하고 실천해야 한다. 특히 '동북아에너지협력체' 결성과 같은 과제는 한국과 러시아의 주도적 역할이 돋보일 수 있는 분야이며, 이를 중심으로 일본과 중국, 그리고 나아가 미국의 참여를 유도하는 정책을 시도해야 한다.

셋째, 동북아 다자주의 및 소지역주의 협력과 연계된 미래를 구상하고 각종 프로젝트를 평가·선정하는 것이다. 이 과제를 해결하는 데 있어 러시아 극동개발과 동북아의 연계, 나아가 동북아와 유라시아의 연계라는 거시적 및 광역적 관점에서, 그리고 경제이익과 인간·사회·문화가 연계되는 장기·포괄적인 관점에서 접근하는 것이 필요하다. 한국에서는 경제이익의 단기적 성과에 대한 조급한 기대가 장애요인으로 작용할 수 있는데, 이는 국가발전을 위한 장기적, 전략적 관점에서 극복되어야 한다.

러시아는 극동·시베리아를 동북아경제권에 통합시키기 위해 다양한 경제협력 프로젝트들을 추진하고 있는데, 한반도가 그 계획들의 중요한 이음쇠(linchpin)가 되도록 역할을 증대해나가야 한다. 철도·도로망 연결, 석유·가스 파이프라인 네트워크 연결, 전력망 연결, 정보고속도로망 연결 등과 같은 기초인프라 사업은 러시아의 동북아 외교의 중요한 수단이다. 하지만 망사업(network project)은 양자적이면서도 동시에 다자적인 협력체계를 요구한다. 따라서 이러한 망사업을 동북아 및 유라시아에 다자 경제협력 체제를 구축하는 기제로 활용해야 한다. 망사업 외에도 중국·러시아·북한을 잇거나 남한·북한·러시아 등을 연결하는 삼각경협 프로젝트에 대해 큰 관심을 갖고 있는 러시아와 긴밀한 공조체제를 구축해야 한다. 최근 들어 주목을 받고 있는 대두만강유역개발사업(GTI)과 나진·선봉지구 개발사업 등과 같은 프로젝트에서 러시아와 협력하고 참여한다. 또한 남·북·러 가스관 연결 사업 또는 한반도 철도 연결에 거는 러시아의 기대에 조응하면서, 이를 북핵문제 해결 및 한반도 평화정착에 전략적으로 활용하는 실천 방안을 강구한다.

넷째, 동북아 다자협력을 달성할 유력한 분야로 에너지 분야에서의 협력을 신중히 검토하고 추진하는 것이다. 에너지협력은 경제적 이익과 안보적 필요를 모두 충족시킬 수 있는 분야로, 동북아에서 표출되고 있는 안보적 경쟁과 경제적 상호의존의 역설을 가장 효과적으로 극복할 수 있는 부문이다. 한국과 러시아가 주축이 되어 동북아에서 다자적 에너지협력의 기초를 구축해내고, 이를 통해 양자협력을 넘어 역내 다자협력의 발전에 기여해야 한다. 특히 '동북아에너지협력체'의 결성은 한국과 러시아의 주도적 역할이 돋보일 수 있는 분야이다. 현재까지 러시아의 아·태지역 에너지공급 네트워크는 매우 빈약한 실정이고, 따라서 향후 이와 관련된 핵심 이슈는 동북아 에너지운송 네트워크를 조기에 구축할 수 있는가의 여부이다. 결국 한국과 러시아가 중심축이 되어 이러한 목표를 실현하는 데 일본과 중국, 그리고 나아가 미국의 능동적인 참여를 유도하는 것이 필요하다. 또한 러시아의 대동북아 에너지외교 실천에 있어 한국이 중요한 파트너임을 설파해내고, 주변국과 함께 지역적 협력의 틀 속에서 러시아 에너지에 대한 전략적 의미를 재규정하는 데 주도적인 역할을 담당해야 한다. 그리고 러시아의 전략적 자산인 에너지가 동북아의 지역협력을 촉진하고 유라시아와의 연계성을 강화하는 지렛대가 될 수 있도록 에너지협력에 대한 전략적 구상을 강구해야 한다. 또한 에너지를 놓고 벌이는 러시아와 유럽 사이의 갈등과 각축이 동북아에서 재현되지 않도록 하는 분쟁해결 시스템을 구축해야 한다.

3. 실질협력 외교

한·러 양국은 실질협력을 강화함으로써 한·러 간 호혜적 협력구조를 공고화해야 한다. 양국 간 장기적 협력관계를 강화하는 과정에서 북한을 설득하고 공생네트워크를 강화시키는 것이 필요하다. 이를 위해서는 협력구도를 양자협력, 다자협력, 남북협력 등으로 구분하여 접근할 필요가 있으며, 그에 따라 실질협력 외교도 한·러 양자협력과제, 남·북·러 삼각협력과제, 그리고 다자협력과제 등으로 구분하여 추진할 필요가 있다. 특히, 실질협력 분야 중 양자협력과제를 기본으로 가시적인 성과를 거둘 수 있는 토대를 구축하고, 남·북·러 삼각협력과제에 대해서는 차후 다자협력과제로 전환될 수 있는 가능성을 전제한 상태에서 협력 전략과 대안을 마련하는 것이 필요하다. 또한 남·북·러 삼각협력과제에서 다자협력과제로 전환될 수 있는 여지가 있는 과제와 이미 출발 시점부터 다자협력과제로 추진해야 하는 과제들을 분리하여 실질협력 외교를 추진해야 한다.

이와 관련된 첫째 과제는 교역 잠재력의 실현과 새로운 투자협력 분야의 발굴이다. 세부 실현방안으로는 기계제작, 첨단기술, 조선, 항공, 자동차, SOC 건설 등으로 협력 분야를 확대함으로써 교역 증대의 기반을 강화하고, 공격적인 직접투자 진출과 함께 현지 생산체제를 구축해야 한다. 한국기업의 대러 진출 지역을 기존 대도시 중심에서 지방 거점까지 확대하고, 시장의 성격에 맞추어 지역적 차별화·다변화 전략을 추진해야 한다. 특히 기회선점, 거대한 자원공급지, 미래 통일한반도의 접경지역이라는 관점에서 극동 연해주 진출을 가속화할 필요가 있다. 「극동·자바이칼지역 사회경제발전 전략 2025」등에 따른 인프라개발 프로젝트에도 적극적으로 참여한다. 또한 러시아 시장에서 가격경쟁력을 확보하고 경제협력을 확대하기 위해서는 한·러 FTA 체결을 향한 로드맵이 필요하다. 향후 한·러 FTA 체결은 단순히 상품관

세율을 낮추는 데 그치는 것이 아니라 양국 간 투자협력의 분야와 방향을 정하고, 양국에 존재하는 '전략적인 보완성'을 현실화하는 도구로서 포괄적 경제협력협정(CEPA)을 체결해야 한다. 또한 러시아와의 이익 공유라는 대원칙이 견지될 수 있는 '전략적 투자협력' 프로젝트를 지속적으로 개발해 나가야 한다. 러시아 정부의 정책방향을 지지·후원한다는 관점에서 현재 러시아 정부가 주력하는 각종 인프라 현대화사업 및 '혁신'(innovation) 관련 분야에서 양국 간 협력을 강화해야 한다. 특히 러시아 정부가 발표한 5대 중점육성 분야(에너지 효율화, 정보통신, 우주항공, 원자력 에너지, 의료기기 및 기술)를 중심으로 제조업 기반 및 원천기술의 상업화를 실현할 수 있는 상호보완적 협력기제를 구축해야 한다. 더불어 한국과 러시아 사이의 투자 불균형을 해소한다는 측면 외에도 양국 기업인들 간의 소통 확대 및 신뢰 구축, 양국 간 전략적 경제협력의 확대를 위해 러시아의 대한국 투자 유치를 강화할 필요가 있다.

둘째 과제는 에너지, 교통, 물류 등 분야에서 이미 추진되었던 유망한 프로젝트를 보다 창의적으로 조기에 실현하는 것이다.

① 에너지 협력

한·러 에너지 협력 강화를 위해 정부·기업 내 의사결정권자 및 실무자들의 러시아에 대한 이해를 제고하고 신뢰도를 증대시킬 방안을 강구해야 한다. '전략적 투자협력'의 관점에서 대러 에너지협력도 개별 프로젝트가 아니라 양국의 이해관계가 결합된 각종 사업(IT, 조선, 건설, 플랜트 등)과 통합 연계된 형태로 에너지 협력을 전개해나가야 한다. 상호주의(reciprocity) 원칙에 입각하여 러시아와 상·하류 부문에 대한 개방 및 교차투자 가능성을 타진하고, 대신 러시아에는 수송노선 선정, 가격 및 공급물량 확보, 매장지 개발 참여 등을 관철하는 실익 극대화 협상전략으로 전환해야 한다. 기업 간 상호 신뢰가 축적되지 않았다는 것을 고려하여 우선 낮은 단계의 투자 파트너십(partnership) 사업부터 추진한 다음 이후 상대방에 대한 이해와 신뢰가 깊어지면 높은 단계의 전략적 제휴(strategic alliance) 등의 단계로 심화시켜 접근한다. 가즈프롬(Gazprom)과 로스네프트(Rosneft) 등 러시아 주요 에너지 국영기업들의 지분 매입과 같은 방식으로 기업 간 전략적 협력관계를 모색해나갈 필요가 있다. 대러 에너지 협력의 목표를 단순히 중동의존도를 낮추는 데 만족하는 것이 아니라, 도입선 다변화 및 역내 에너지 수급구조 구축 차원에서 보다 적극적으로 러시아산 석유, 천연가스 등을 확보하는 공세적 대러 에너지외교 전략으로 전환해야 한다. 또한 대러 에너지 협력 문제를 한반도의 지정학적 구도와 연계하여 접근할 필요가 있다. E&P 사업, PNG 사업, 전력망 연계 사업 등은 북한이 나자성협사업에 참여하는 중요한 계기를 마련할 것이며, 결국에는 북한의 개혁·개방을 촉진시키는 데 기여할 것이다. 또한 이들 프로젝트들은 러시아의 개입을 강화하고 주변국과의 협력 체제를 구축함으로써 북한의 예기치 않은 도발 행위 가능성을 감소시킬 뿐만 아니라 통일 후 북한지역의 가스 및 전력공급 구도를 대비하는 효과도 얻을 수 있을 것으로 전망된다.

② 철도 연결과 교통·물류 인프라 개발

유라시아대륙철도 네트워크 구축에 대한 국민대중의 관심과 지지를 다시 제고해야 한다. 소위 '나진-핫산 프로젝트'로 실현되고 있는 북-러 철도협력을 관망할 것이 아니라, 남-북-러 철도운영자회의를 조속히 재개하고, '나진-핫산' 구간의 북한철도 현대화 사업의 성과를 한국이 적극적으로 활용할 수 있는 방안을 마련해야 한다. 남-북-러 철도 연결, 유라시아대륙철도 네트워크 구축 및 실크로드 익스프레스(SRX) 연결을 전면에서 리드할 수 있는 전담기구(control tower)를 구축해야 한다. 대륙횡단철도 연구(전략, 정책, 기술 등)의 기반이 강화될 수 있도록 관련 연구기관에 대한 물적·인적 지원이 뒤따라야 한다. 현재 중국의 '창-지-투 개발계획'에 따른 북·중·러 국경지역 통합경제권 출현과 중국의 동해 출해권 확보로 가시화되고 있는 환동해권 물류네트워크에 대한 대응전략과 함께 중국의 탕산 및 다롄의 신항만 건설 등으로 구체화될 환황해권 물류체계에 대응하는 복합운송전략을 러시아와 공동으로 수립해야 한다. 유라시아대륙철도 연결을 전제로 러시아를 포함한 관련국들과의 철도협력을 공고화하기 위해서는 국제철도협력기구(OSJD), 국제철도연맹(UIC) 등 국제철도기구들과 협력을 강화하는 제도적 틀이 구축되어야 한다. 이를 위해서는 무엇보다도 유라시아대륙철도에 대한 전문적인 지식을 갖춘 인력을 양성해야 한다. 또한 동북아 관련국의 철도정보를 수집하고 분석하는 연구기관과 연구 인력의 충원, 관련 분야 전문가들과의 협의체 구성 및 정보 공유 등의 체계도 구축해야 한다. 그리고 향후 북한철도의 전면적 현대화를 대비하여 한국의 재정부담을 경감하고 대규모 국제자본을 유치할 수 있도록 금융계획을 포함한 한반도 철도현대화 전략을 수립해야 한다.

③ 북극해 지역개발 및 북극항로 활성화

새로운 유라시아 국제운송로의 하나로서 무한한 잠재력을 보유한 북극항로 개발에 러시아와 전략적 협력관계를 강화하고, 이를 바탕으로 북극지역의 자원개발로까지 협력의 범위를 점차 확대한다. 북극항로는 실질적으로 러시아가 관할하고 있으므로 자원개발, 해운협력 등 사안별로 러시아의 유관 부처와의 협력을 강화한다. 북극개발은 거대한 자본조달과 극지 개발의 기술적 한계를 모두 극복해야 한다는 측면에서 한국과 러시아가 전략적 이해관계를 공유할 수 있는 잠재적 협력국가임을 부각시킨다. 한국이 북극해로의 출로인 아·태지역에서 고도로 발전된 물류네트워크의 중심국이라는 위상을 부각시켜 러시아와 유대관계를 강화하고, 러시아의 북극지역 개발 전략에 대한 지지를 표명하며 공동프로젝트의 개발에 적극적으로 참여한다. 정부 차원에서 북극과 관련된 모든 이슈의 국제협의체 논의에 적극적으로 참여한다. 북극 관련 핵심 기구인 북극위원회(Arctic council) 회의를 비롯하여 Polar code, 북극 환경보호 문제, 북극해에서의 수색 및 구조 등 북극해 관련 국제적 차원의 논의 과정에 참여한다. 북극해와 관련된 국가들과의 의사소통 채널을 구축하면서 국제사회의 논의의 흐름을 파악하고, 북극 관련 각 분야에서 한국의 입지를 강화한다. 북극해 문제를 다각도로 논의할 수 있는 정보교류 및 의사소통 채널을 구축한다. 국내 북극해와 관련된 정부부처, 연구기관 및 해운물류업체 등 관계자들 간의 협의체나 범정부 차원의 북극위원회를 구성하고, 관련 전문가들의 토론과 논의를 통해 장기 국가전략 방향을 수립한다. 향후 북극해 개발은 지금처럼 단순히 자원개발에 초점을 맞춘 협력에서 벗어나 양국 산업의 차별적 우위를 결합하는 공유가치 창출(co-creation value) 접근이 필요하다. 예를 들어 한국과 러시아가 자원개발은 물론이고 극지엔지니어링 분야에서 기술협력을 통한 혁신적 솔루션을 개발하는 협력도 병행할 수 있을 것으로 전망된다.

셋째 과제는 농업·어업 분야에서 협력의 잠재력을 현실화하는 노력이 필요하다. 이를 위한 세부 실현방안으로는 에너지·물류·식량 문제에 초점을 맞춘 환동해경제협력의 본격적인 실행으로 한반도와 연해주를 연결하는 단일한 식량 및 상품 공급사슬(supply chain)을 구축한다. 극동 연해주 농업개발과 관련하여 노동생산성이 높은 양질의 노동 인력을 적정규모로 유지·관리할 수 있도록 노동력 수급 안정을 위한 종합 대책을 수립한다. 부족한 극동지역의 노동력을 충원하는 문제는 북한 노동력을 공급받는 시스템 구축으로 해결한다. 예를 들어 한·러 합작의 인력송출회사가 농업투자진출 회사와 장기 노동계약을 체결하고 노동력 공급·관리를 책임지는 방식으로 운영할 수 있다. 극동 연해주 지방정부의 압력에 굴복해 과잉인력을 고용하는 관행에서 탈피해 오히려 과감한 구조 조정과 함께 사업다각화를 시도하고, 일자리 창출 등 시역사회의 발전에 투자진출기업이 기여할 수 있는 방안을 모색한다. 해외농업투자가 활발한 연해주 지역을 중심으로 정선-건조-보관-운송-판매와 관련된 농업기반시설 구축을 지원한다. 특히 대규모 곡물터미널 및 항만시설 구축 등 극동 농업투자의 관건이라고 할 수 있는 물류시스템 개선에 총력을 기울여야 한다. 한국의 자본과 인력이 투입된 해외농업기지에서 생산된 농작물에 관세 혜택을 부여함으로써 민간 투자자들의 투자진출을 촉진한다.

2009년 12월 22일 체결된 '한·러 IUU어업 방지협정'을 준수하고, 국제사회에서 책임 있는 조업국으로서의 신뢰를 지속적으로 확보한다. 태평양 연안 지역의 어업자원 보호를 위해 고심하고 있는 러시아의 전략적 이해관계를 지지하면서, 반대급부로 러시아 수역에서 한국의 일정한 어업쿼터를 보장받는 방식으로 안정적인 조업기반을 구축한다. 러시아 극동지역의 어선조선소, 수산물 가공공장 등에 대한 한국 측 기업의 진출을 촉진한다. 이를 위해 러시아 극동지역의 수산 관련 인프라 현황에 대한 심층적인 연구조사를 진행하고, 속초, 동해 등 동해안 연안 도시들과 극동 연해주와의 지방협력을 강화한다.

지금까지 실질협력 외교는 일정한 부문에서 가시적 결과를 도출하는 성과를 거두었다. 그러나 장기 전략적 이해관계, 다자적 이해관계와 연관된 실질협력 외교는 추진 동력이 부진하여 중단되거나, 또는 순연되어 있는 실정이다. 실질협력 외교가 성공적으로 추진되기 위해서는 실질협력 사안들을 추진하는 과정에서 상이한 협력과제의 쟁점들을 정확하게 파악하고, 그것을 해결하려는 공동의 노력 속에서 한·러 협력의 전략적 비전을 구체화하는 자세가 필요하다. 또한 이러한 비전에 기초하여 실천을 제도화할 수 있는 틀을 구축하는 노력도 병행되어야 한다.

4. 저변확충을 위한 공공외교와 문화교류

한·러 양국 간 협력 범위를 확대하고 그 수준을 제고하는 데 가장 중요한 기반 중 하나는 공공외교와 문화교류이다. 편협한 고정관념과 오해에서 벗어나 상대 국가를 진정한 대화와 협력 파트너로 대할 수 있는 태도는 정부 차원의 공식적 교류보다는 오히려 다양한 방식의 공공외교와 문화교류에 의해 형성되기 때문이다.

한반도와 국경을 접하고 있는 러시아는 한국에게 '가깝고도 먼 나라'이다. 러시아는 개화기 한국에 중요한 영향력을 행사했던 인접 국가이며, 문학을 포함한 러시아의 문화 자산은 오래 동안 한국 인텔리들에게 흠모와 동경의 대상이었다. 하지만 남북 분단이후 냉전체제 하에서 소련은 대다수 한국인들에게 두려움의 대상으로 인식되었고 이같은 이미지의 잔상은 아직도 남아있다.

한편 러시아에게 한국은 '멀고도 가까운 나라'이다. 오래전 한국을 방문한 러시아 작가들의 기록을 통해 러시아 인들은 한국이 중국과 일본 사이에 위치한 아름다운 자연을 가진 작은 나라로 생각했으며, 냉전시대 소련에서는 '미 제국주의 영향 하의 꼭

두각시 정권'이라는 이미지가 고착화되었다. 하지만 수교이후 러시아 시장에서 약진한 한국 상품 덕택에 러시아인들은 한국을 경제 선진국으로 새롭게 바라보기 시작했으며, 한국을 찾는 러시아 인 대다수는 한국의 정서와 문화에 상당한 친근감을 느끼고 있는 것이 현실이다. 2012년 조선일보가 한국 갤럽에 의뢰 실시한 세계 10개국 대상 여론 조사결과, 한국에 대한 호감도가 높은 나라가 러시아(57.5%), 중국(53.9%), 일본(40.1%), 미국(39.5%), 독일(25.4%), 영국(29.1%) 등의 순서인 것이 흥미롭다.

다른 한편, 2009년의 한국종합사회조사 Code Book에 의하면, 북한과 주변 4강 중 한국인이 어느 나라를 가장 가깝게 느끼는지를 질문에 미국(60.7%), 북한(16.3%), 일본(9.9%), 중국(6.8%), 러시아(1.3%) 등의 순서로 러시아에 대한 친밀도가 가장 낮게 나타났다. 같은 조사에서 한반도 평화에 가장 위협적인 나라를 묻는 물음에는 북한(52.7%), 일본(17.6%), 중국(15.8%), 미국(12.5%), 러시아(1.1%)라고 답한 것에서 한국인들이 러시아를 위협세력으로 인식하지 않으면서 동시에 가깝게 느끼지도 않는 독특한 관계인 것을 확인할 수 있다.

수교 이후 20여 년 동안 양국 간 다양한 대화 채널이 확대되고 문화 예술 교류가 활성화되었다. 한국에서의 러시아에 대한 이미지는 위대한 학문적 문화적 유산을 가진 문화국가의 모습과 체제 이행기의 사회적 혼란상이 결합된 형태로 자리 잡았으며, 러시아에서의 한국은 품질 좋은 상품을 중심으로 형성된 긍정적 이미지와 한국의 전통과 문화에 대한 정보 공백 상태가 공존하는 불균형한 모습을 보이고 있다. 대중문화 영역의 경우, 가

수 싸이나 운동선수 빅토르 안 같은 인물 덕분에 러시아에서 한국에 대한 관심이 최근 고조되는 추세를 보이고 있으나, 드라마 주제곡으로 유행을 탄 코브존의 "백학"을 한국인 대다수가 애창하던 것과 같은 러시아 콘텐츠는 한국에서 더 이상 등장하지 않고 있다.

하지만 공공외교와 문화교류 부문의 협력을 통해, 양국이 전략적 협력 동반자 관계의 실질적 구현에 필요한 정신적, 문화적, 학문적 공감대를 확대할 수 있는 잠재력은 무한히 존재한다. 2014년 1월 발효된 양국 간 비자면제 협정은 한·러 교류의 활성화를 위한 중요한 계기가 될 것이다. 양국 방문 여행객 숫자의 증가는 과거에 형성된 잘못된 고정관념을 극복하고, 변화하는 상대 국가의 현실을 이해하는데 크게 기여할 것이기 때문이다. 따라서 기존의 협력 경험을 바탕으로 장차 양국 간 민간 대화 채널을 다변화, 활성화, 제도화하는 한편, 상호 이해의 밀도를 높이는 데 중요한 언론, 문화 예술 콘텐츠, 학술 분야 등에서 쌍방향 협력을 적극 추진하는 것이 필요한 시점이다.

그렇게 함으로써 한국 측은 '경제 선진국 한국' 이미지가 '오랜 역사와 문화를 가진 나라 한국', 그리고 '러시아의 미래에서 중요한 파트너로서의 한국'의 이미지로 상승 발전하는 선순환 고리를 러시아 인들 사이에 형성할 수 있을 것이다. 러시아로서는, 한국인들 사이에 존재하는 러시아 문화 예술에 대한 인기와 높은 호감을 바탕으로 시장 경제와 민주주의를 추구하는 역동적인 현대 러시아의 변화상을 인식시킬 수 있을 것이다.

수교 이후 20여 년 이 지난 현 시점에서, 한·러 관계의 장기적 발전을 위한 저변확충 외교에서 우선 고려되어야 할 방향성은, ① 양국의 미래 설계에서 상대국이 갖는 중요성을 양국의 주요 정책 결정자 및 여론 주도층과 사이에 확산 시키고, ② 상대국에 대한 오해와 편견을 극복하고 협력 파트너로서의 공감대를 확장하며, ③ 양국 관계의 지속적 발전에 필수적인 우수 전문 인력 양성을 프로그램을 적극 지원하고, ④ 양 국민 간에 존재하는 문화적, 정서적 친근감을 기반으로 문화 예술 분야의 교류와 협력을 활성화 하는 것 등이다.

그리고 이 목표들을 효율적, 체계적으로 구현하기 위한 실천 전략 또한 새롭게 탐색되어야 한다. 구체적으로는, 기존에 일방적, 간헐적, 분절적으로 진행되던 양국의 공공외교와 문화교류는, 쌍방향적, 지속적, 통합적 방향으로 전환되어야 한다.

특히 자국의 메시지를 일방적으로 발신하는 이전의 독백 형 교류에서, 앞으로는 대화와 협력을 통해 공동작업(collaboration)을 추구하는 방식으로의 전환이 아주 중요하다. 양국의 대표적 국영기업 가스프롬과 한국가스공사(KOGAS)가 공동 기획하여 2012년 서울에서 발간 배포한 러시아 명화집 <러시아 황금지도> 출판기념회는 대화 및 협력에 기초한 쌍방향 문화교류 사업의 모범 사례에 해당한다. 블라디보스토크 APEC 회의 개최에 즈음하여 <RBTH>(Russia Beyond the Headlines)의 한국어 판 <러시아 Focus>를 중앙일보 특별 섹션으로 정기 발간하고, 러시아의 주요 이슈와 문화 예술을 다루는 한국어 인터넷 사이트를 동시에 구축하여 지속적으로 운영하고 있는 것 또한 양국 간 공공외교에서 획기적 사건이다. 러시스카야 가제타와 한국의 한·러비즈니스위원회(KRBC: Korea Russia Business Council)의 공동 기획 하에, 러시아 저명인사들과의 인터뷰 결과를 <러시아 인, 러시아의 길> 이라는 제목의 단행본으로 2013년 11월 푸틴 대통령의 방한에 맞추어 발간한 것도 양국 여론 주도층사이의 진지한 대화를 시도한 흥미로운 예이다.

다음으로 중요한 것은 상대방을 향한 메시지 발신과 상호 대화를 다양한 매체와 플랫폼을 통해 다층적으로 진행하는 일이다. 이를테면 한반도 주변 주요 국가 중 상대적으로 낮은 비중을 갖고 있는 것으로 인식되고 있는 러시아의 한국 내에서의 위상을 제고하려면 학술 행사, 언론 보도, 기획전회시, 문화이벤트 등을 통해 일관된 메시지를 전달하려는 지속적 소통이 필요하다. 한국 역시 러시아 국민들에게 한국이 해양과 대륙을 함께 지향하는 열린 태도를 견지하고 있으며, 특히 극동시베리아 지역에서 러시아와의 협력을 통해 상호 윈윈(win-win)할 수 있는 파트너라는 메시지를 각인시키기 위해서 같은 방식의 노력을 경주해야 할 것이다.

아울러 양국 관계 활성화에 핵심 역할을 담당할 미래의 인재 양성을 위해서는, 이전의 파편화된 단발성 지원에서 벋어나 통합적이고 지속적 관심과 투자가 이루어 져야한다. 정확한 의사소통에 필수적인 전문 통번역 요원 양성부터, 어문학자, 역사학자, 정치·경제학자에 이르는 인문사회 분야는 물론이거니와, 체육과 예술, 그리고 기초과학과 응용과학 등을 아우르는 다양한 영역에서 교육 및 연구 분야의 교류와 협력이 이루어져야 할 것이다. 기존의 특정 분야나 기관 단위 협력도 중요하지만, 앞으로는 인접 분야와 협력 기관들이 상호 협력 네트워크를 구축하여 시너지 효과를 내는 것이 바람직하다.

문화 예술 분야 교류도 고전 예술부터 현대적 대중문화 콘텐츠까지를 포함한 여러 영역에서 상호주의에 입각한 창의적 협력이 동시 다발적으로 전개되어야 한다. 러시아 작가협회와 한국 푸쉬낀 하우스가 협력하여 푸틴 대통령 방한 중 소공동 롯데호텔 앞에 세운 러시아 문호 푸쉬낀 동상이 서울을 찾는 러시아인들의 명소가 된 것이 흥미로운 사례에 해당된다. 한국의 토지문화재단이 2012년 박경리 문학상 수상자로 외국작가 중 최초로 러시아의 여류 소설가 L. 울리츠카야를 선정하여 수상하고, 이 작가의 작품집을 한국어로 번역 출간한 것도 문학 교류의 새로운 형식을 제시하는 데 기여했다.

한·러 양국 관계의 활성화를 통해 명실상부한 전략적 협력동반자 관계에 도달하기 위해서 양국이 관심을 갖고 추진해야할 공통의 과제들은 다음과 같다.

첫째, 양국 간에 존재하는 기존의 대화 틀을 점검 재편하고 효율적으로 운영하는 일에 착수해야한다. 지금까지 양국 간에는 한·러대화(Korea-Russia Dialogue), 한·러포럼, 한·러 비즈니스 대화(Korea Russia Business Dialogue) 같은 민간 차원 대화와 차관급 전략대화가 정례적으로 진행되고 있는데, 향후에는 이 각각의 협의체들이 갖는 장단점을 평가하여 중복된 영역 없이 각각 특화된 형태로 운영해야 한다. KRD를 미래지향적이며 포괄적 대화 창구로 활용하되, 양국의 다양한 분야의 인사들이 참여하는 대화체로 발전시키는 것이 바람직하다. 현재 제도화가 미흡한 양국 간 의원외교, 기업인 대화, 언론 교류, 사회·문화 분야 NGO의 교류, 그리고 차세대 지도자 교류 등도 보완 강화할 필요가 있다. 최근 들어 수동적 활동에 머무르고 있는 한러포럼은 분야별 전문가들이 참여하는 정례적 대화채널로 위상을 강화시켜야 하며, 특히 양국 간 주요 현안들에 대한 깊이 있는 논의가 이루어 질 수 있는 대화로 발전시켜야 한다. 아울러 1.5 트랙의 정례 전략대화 신설이 시급하다. 참여정부 시절 시도된 이러한 대화체의 틀을 부활시켜, 소수의 양국 관료 및 민간 전문가들의 참여 하에 양국의 현안과 중장기 전략을 조율하는 기능을 담당해야 한다. 그리고 전략대화의 결과는 양국의 정책에 직접 영향을 미치고, 반영될 수 있는 피드백 구조를 갖추어야 한다. 이를테면 차관급 대화는, 1.5 트랙 전략대화의 논의 내용을 확정하고, 아울러 이의 실천을 위한 정부 역할을 확정·조정하는 임무를 담당해야 한다. 그리고 이에 더하여 1.5 트랙 대화체를 지원하고, 양국의 전략적 협력 아젠다를 발굴하고, 관계기관 간 업무 협의 및 조정 기능을 체계화하기 위해서는 양국의 대학연구소와 국책연구기관이 공동 참여하는 가칭 '한·러 관계발전 연구협의회'의 구축이 요구된다. 동 협의회는 정례 회의와 이슈별 부정기 회의를 운영하여 양국 전문가그룹 내에서의 상호 이해를 제고하고, 오피니언 리더를 통한 메시지 확산 네트워크를 구축할 수 있을 것이다.

둘째, 상대국 오피니언 리더들과의 소통 채널 확대가 필요하다. 이를 위해 한국 측은 러시아의 전략문제연구소(Institute for Strategic Studies), 현대발전연구원(Institute for Modern Development), 러시아국제관계위원회(RIAC: Russian International

Affairs Council), 스콜코보재단(Skolkovo Foundation) 같은 러시아 연구기관 및 싱크탱크와 정례적 지속적 협력 네트워크를 구축한다. 이와 함께 발다이 클럽, 페테르부르크 경제포럼, 야로슬라블 포럼, 동방경제포럼 등 러시아의 주요 정책 포럼에 한국 측 인사들이 정기적으로 참가하여 러시아 유력 인사들과의 대화 채널을 구축해야 한다. 최근 한국 내에서 중국에 대한 관심이 급격히 고조되면서 상대적으로 러시아에 대한 관심의 축소되고 있는 상황을 감안할 때, 러시아 측은 한국의 러시아 전문과 그룹과의 긴밀한 협력 하에 한국의 여론 주도층과 활발히 소통하려는 노력이 절실히 요구된다. 극동 시베리아 지역에서의 경제 협력이 양국의 최대 관심사이기 때문에, 양국 기업인, 법률가, 경제전문가들이 주도하는 가칭 '유라시아 비즈니스포럼(Eurasian Business Forum)'의 출범도 모색할 필요도 있다. 이 플랫폼을 매개로 상업적 타당성이 높은 협력프로젝트를 발굴하고, 한반도의 긴장완화, 남북관계 개선, 동북아 평화체제의 구축, 유라시아시대의 개막 등과의 연계 하에서 이들 프로젝트를 구현하는 접근이 필요하다. 전략적 협력을 위한 이 같은 협의체 이외에도 현재 활동 중인 한·러 비즈니스협의회(Korea-Russia Business Council) 같은 민간단체들이 양국 기업인 또는 중소기업들 사이의 교류를 촉진하는 매개 역할을 담당할 필요가 있다.

셋째, 한·러경제과학기술협력위원회와 극동·시베리아개발협력회의를 내실화해야 한다. 한·러 경제과학기술협력위원회의 경우, 양국 간 실질협력을 구체적으로 논의하는 장으로 활용해야 한다. 이 위원회 내부의 분과체제를 정비하고, 현재의 일회성 논의 구조에서 탈피하여 주요 이슈에 대한 정례적 논의과정을 제도화할 필요가 있다. 특히 양국은 주관 연구소를 지정하여 극동·시베리아개발협력과 관련된 회의를 정례적, 지속적으로 진행할 필요가 있다. 때로는 양자 협력의 틀을 넘어서서 일본, 중국, 그리고 북한 등 주변국들과의 공동협력 방안을 탐색하는 일도 진행해야 한다. 남·북·러 삼각협력 프로젝트에 직간접으로 관련된 한국전기연구원(KERI), 한국교통연구원(KOTI), 대외경제정책연구원(KIEP) 같은 국책연구기관들 사이의 원활한 정보교류, 긴밀한 업무협력 또한 양국 간 전략적 협력 사업의 수립 과정에서 반드시 필요하다.

넷째, 새로운 형태의 문화 예술 교류 협력 모델을 구축한다. 볼쇼이 발레와 마린스키 오케스트라의 한국 공연이 언론의 집중 조명을 받던 시대는 지나갔다. 한국의 유명 공연단 또는 연주단체가 모스크바나 상트페테르부르크의 대형 극장 공연으로 대중적 인기를 얻는 것도 쉽지 않다. 각자가 자랑하는 고유의 문화 콘텐츠를 상대방을 향해 일방적으로 발신하면서 자부심을 느끼는 것은 더 이상 진정한 문화 예술 교류가 아니다. 양 국민 사이의 문화적 대화는, 시끌벅적하고 신명난 놀이판이 아니라 서로 공감하는 정신적 예술적 가치를 함께 나눌 때 비로소 시작된다. 러시아 고전문학이 한국의 인텔리 독자들을 오랜 세월 동안 매료 시킨 것과 대조적으로, 러시아 현대 소설은 한국 출판계에서 철저히 소외당하고 있다. 일부 러시아 관객 사이에서 한국 영화의 인기가 대단하지만, 러시아어로 번역 출판된 한국문학 도서는 서점가에서 도무지 유통이 되지 않는다. 상대방의 관심과 기호, 사회적 분위기 등을 감안하지 않고 일방적 소통을 추구한 결과이다. 따라서 양국 간에 이루어지는 문화 예술 교류의 내용을 모니터링하고, 그 추이를 분석하며 향후 교류의 방향성을 제시하는 작업이 민간 차원에서 정기적으로 이루어져야 한다. 이를 바탕으로 간헐적 교류행사나 이벤트성 대규모 행사를 지양하고, 충실한 내용의 소규모 문화 예술 행사를 지속적으로 진행하여, 상대방의 문화 예술에 대한 공감대를 축적해야 한다. 양국 예술가들의 공동 참여 하에 연극, 영화, 뮤지컬 같은 공연 예술 장르 작품을 공동 제작하는 것과 같은 협력 작업이 앞으로 바람직한 모델이 될 것이다. 또 이를 위해서는 공동 프로젝트 추진의 견인차 역할을 할 양국의 문화 촉진자(cultural facilitator)들 이 만나는 플랫폼을 활성화 시켜야 한다. TV 드라마 주제곡으로 사용되었던 한국인의 애창곡 '백학', 한국인들로 부터 대중적 사랑을 받았던 표도르 에밀리야넨코, 러시아의 국민적 영웅으로 부상한 빅토르 안 등이 양국민의 상호 이해 증진에 크게 기여한, 우연한 '대박 콘텐츠(killer contents)'였다면 이제는 양국의 문화 예술계 인사들의 공동 노력으로 기획된 '대박 콘텐츠'가 나와야 할 때다. 여기에 우선적으로 필요한 것은 민간 차원의 긴밀한 협력이지만, 양국의 정부의 문화 예술 진흥 부서의 정책적 지원 또한 이에 못지않게 중요하다.

다섯 째, 양국의 다양한 언론 매체 종사자들, 특히 기자들의 상호 방문 프로그램을 정기적으로 마련함으로써 상대국에 대한 이해 수준을 제고하고, 그 결과가 언론을 통해 자국에서 확산될 수 있는 기회를 대폭 확대해야 한다. 특히 공영 매체인 한국의 교육방송(EBS), 러시아의 문화(Kultura) 채널이 우수 콘텐츠를 상호 교환하고 또 필요시 합작 콘텐츠를 제작하는 것은 일반 대중의 상대국에 대한 인식 증진에 크게 기여할 것이다.

여섯 째, 장차 양국 관계 발전의 향방을 결정하게 될 학문후속 세대 양성에 양국 정부는 별한 관심을 갖고 투자해야한다. 한·러 수교에 즈음하여 유능한 인재들이 많이 모여들었던 한국의 러시아 학(러시아 어문학, 역사, 정치, 경제)은 정점을 지나 현재 심각한 쇠퇴기를 경험하고 있다. 중국의 급부상, 한·러 간 정부 차원에서 논의되던 대형 프로젝트들의 불발, 일부 영역의 전문가 과잉 현상(어문학 분야는 넘치고, 경제 분야는 절대적으로 부족) 등 여러 요인이 복합적으로 작용한 결과이지만, 현재 추세가 지속될 경우 10년 후에는 한국의 대학과 연구기관에서 필요로 하는 전문 인력 수급에 심각한 위기가 발생할 것이다. 한국어 교육, 한국어문학 전공 위주로 구성되어 있는 러시아의 한국학계는 정치, 경제, 사회, 문화 등 여러 분야를 아우르는 젊은 세대 학자 배출에 어려움을 겪고 있다. 러시아 측은, 한국의 고등학생 및 대학생 대상 러시아 정부 장학생 선발 프로그램이 최근 인기를 얻지 못하는 현실을 직시할 필요가 있다. 우수한 한국 학생을 이 프로그램으로 유도하기 위해서는, 러시아가 국제적 우수성을 확보하고 있는 분야에 한국 유학생을 초청하여 러시아 최고 명문대학에서 파격적 조건으로 수학할 수 있도록 프로그램을 개편해야 한다. 인문학과 사회과학 뿐 아니라, 기초과학 분야의 청년 인재 교류 사업에도 관심을 쏟아야 한다. 교환 학생제도 등과 같은 상호 협력이 반드시 필요한 통번역 전눈요원 양성 사업에도 양국의 유관 대학들이 협력해야한다.

끝으로, 한·러 양국 협력의 폭과 깊이가 비약적으로 확대되기 위해서는 서로 다른 두 문화와 정신세계의 차이를 이해하고 의사소통의 장애요인을 최소화 할 수 있는 문화적 매개자(mediator) 혹은 촉진자(facilitator)의 등장이 필수적이다. 러시아학 또는 한국학의 대중적 확산보다 훨씬 더 중요한 것은, '문제를 정확히 이해하고, 해결할 수 있는' 소수 정예 그룹이며, 한국의 러시아 전공자 그리고 러시아의 한국 전공자들 중에서 이같은 인재를 양성하는 일은 양국 정부의 최우선 과제가 되어야 한다. 그리고 학생 및 학자 교류도 평범한 현지 연수 및 문화체험, 또는 방문 강의 등의 성격에서 탈피하여, 양국 교류사와 연관된 역사적 공간의 탐사(바랴그 호와 제물포 해전 또는 극동 시베리아 지역의 한국 독립운동 유적 등)나 특정 과제(동북아공동체의 형성 등)에 대한 문제 해결 형 학술 교류로 전환되어야 한다.

제한된 시선을 갖고 있던 반도 국가에서 북방의 유라시아 대륙 특히 러시아와의 진정한 교류와 소통을 꿈꾸는 한국, 유럽에서 아시아 태평양 지역으로 관심의 방향을 전환한 러시아, 우리 두 나라가 지정학적 지경학적으로 부여받은 역할을 제대로 수행하기 위해서는 공공외교와 문화 예술 분야에서 새로운 협력 모델 창조에 과감히 도전하는 활동 주체들을 발굴하고 이들 사이의 탄탄한 네트워크를 구축하는 일에 최선의 노력을 기울여야한다.

5
정책 제언

한·러관계의 개선을 위해 가장 시급히 실천해야 할 과제들은 어떤 것들이 있는가? 어떤 조건과 시간적 순서에 따라 정책과제를 실현해야 하는가? 주로 한국 정부에 대하여, 그리고 필요한 경우 양국 정부의 협력과 관련하여 다음과 같은 정책 제언을 제시해 볼 수 있을 것이다.

1. 전략적 협력의 관점에서 한-러 협력의 내실화

21세기 지구적 및 동북아 질서의 심대한 변동은 한국과 러시아에게 국가 위상의 도약을 위한 도전과 전략적 환경을 동시에 제공한다. 동북아 국제질서의 재편은 세계적 범주에서 비롯되어 역내 특성을 함유한 채 진행되고 있어, 그 어느 때보다 전략적 사고와 큰 틀에서의 대외정책 전개가 긴요하다. 한·러관계의 증진뿐만 아니라 내면에 담긴 전략적 의미를 도출하고 이를 현실화할 필요가 있다. 따라서 한국 정부는 다양한 형태의 국제협력 어젠다를 발굴하고, '신(新)북방정책' 내지 '유라시아 북방정책'(가칭) 등의 구상을 강구하고 실천에 옮겨야 한다.

국제적, 다자적 경협을 통해 공동의 발전을 도모하고, 실리적 공유이익을 극대화함으로써 역내 긴장 완화와 평화 유지에 공헌할 수 있는 접근방법을 구상한다. 대륙과 해양을 잇는 해륙복합국가의 가교 역할을 제고하며, 유라시아의 지정학적 판으로의 영향력을 확대하려는 정책 의지를 표출한다. 북한의 개혁·개방을 유도하는 접근법으로서 국제협력을 강화한다. 룰과 규범을 준수함으로써 투명성을 보장하고, 신뢰성을 제고할 수 있는 접근법이 요구된다. 통일인프라 구축이 구체적인 대상이 될 수 있으며, 극동시베리아 + 중국동북 지역 + 남북한을 엮는 국제지역 경협 벨트 구축, 남·북·러 3자의 경제협력 공동사업 등이 그 대표적인 예라 할 수 있다. 안보적 측면에서는 동북아안보협의체, 북태평양안보협의체, 유럽안보협력기구(OSCE)의 아시아판 모델, 동북아안보협력기구(OSCNA)의 창설 등 다양한 정책 아이디어를 추진해 나갈 수 있다.

2. 북핵문제 해결에서 러시아의 중재자 역할 활성화

북핵 문제와 관련해서 러시아는 한반도 비핵화 실현의 연장선에서 평화적, 외교적으로 해법을 찾아내는 것이 바람직하다고 주장하고 있으며, 6자회담의 틀 속에서 이 문제가 해결되기를 기대하고 있다. 한편, 최근 거론되는 6자회담 무용론 및 이를 대체하는 3자, 4자 등의 여타 기제 논의에 대해 반대하는 입장을 견지하고 있다.

러시아는 6자회담에서 주도적인 입장에 있지는 않지만, 돌파구가 마련되지 않을 경우에는 문제 해결에 직접 나서기도 한다. 2006년 델타방코아시아(BDA) 은행의 북한자금 동결 사태를 마지막에 해결한 국가도 러시아였다. 러시아는 이미 2002년 2차 북핵위기 발생 시 단계적 동시 조치(a dozen synchronized steps) 내용이 포함된 일괄타결안을 제시한 바 있다. 우리와는 한반도 비핵화와 북핵 불용이라는 공동의 목표를 공유하고 있고, 6자회담 내에서 정책 공조를 할 여지가 많다. 향후에도 러시아의 중재자적 역할을 적극 활용해 긍정적인 결과를 도출하는 외교적 노력이 긴요하다.

한·러 차관급 전략대화에서의 의견 조율은 물론, 관·산·학 네트워킹을 활용해 양측 여론 주도층들이 북핵 폐기에 따른 한반도 비핵화의 중요성을 공감하도록 하는 것이 필요하다.

3. 포괄안보 및 연성안보 증진을 위한 전략협력 외교 전개

한·러 간 외교협력의 외연을 확장하는 차원에서 기후변화, 사이버 안보, 마약 밀매 등의 국제범죄, 해적 방지, 핵 비확산 등에 대한 전략협력 외교를 추진한다. 또한 러시아가 국제법 및 국제규범 준수를 강조하는 것에 주목하고, 신(新)공공외교 부문으로서 한·러 간 빈국에 대한 지원프로그램 공동개발, PSI 공조, 소말리아 해적 퇴치에서의 공동 협력체계 구축, UN을 통한 평화유지활동(PKO) 협력 등을 전개할 수 있다.

이러한 노력은 동북아시아 국가들이 공동의 이익을 위한 의제들에 대한 대화를 발전시키려는 시도와 연결될 수 있다. 이를 위해 고려해 볼 수 있는 바람직한 방안으로는 에너지안보, 교통물류 안보, 식량안보, 사이버 안보와 같은 연성 안보의 구체적인 측면을 다루는 총체적 지역 동반자관계 또는 공동체를 창설하는 것이 될 수 있을 것이다.

4. '성공사례'로서 남·북·러 3각 경협 사안의 현실화

한·러관계 발전의 상징적 의미를 담을 수 있는 '성공사례'를 조기에 현실화할 필요가 있다. 현재 추진 중인 '나진~하산 교통물류 프로젝트'는 좋은 사례가 될 수 있다.

정권의 사업이 아니라 국가의 사업으로 성공사례를 정초하고, 이를 바탕으로 동북아 에너지협력체를 구성하는 실천으로 확대해감으로써 남·북·러 3각 협력을 동북아 지역 전체의 공동체 형성과정으로 연결시켜야 한다.

'나진~하산 교통물류 사업을 시작으로 삼각협력에 대한 기본원칙에 합의한다면 이 구도를 교통·물류인프라 확충 및 국제운송로 건설(TKR-TSR 연결 등), 가스관 연결, 전력망 연계, 극동 연해주 농업개발 등으로 확대하고, 이의 실행을 위한 본격적인 행동계획을 수립한다. 특히 나진 프로젝트와 연관된 남·북·러 3각 경협은 실질적 전략협력의 성공사례가 되어야 한다.

5. 극동·시베리아 및 중앙 유라시아 개발을 위한 한·러 이니셔티브 수립

현재 중국과 러시아는 동북3성 지역 개발 전략과 극동·자바이칼지역 개발 전략을 연계하여 상호 윈-윈 할 수 있는 프로젝트를 개발 중에 있으며, 일본은 러시아 측에 에너지, 교통, 정보통신 등 총 8개 분야에서 협력을 강화하자는 취지 아래 '러시아 극동·동시베리아에서 일·러 협력을 강화하기 위한 이니셔티브'를 제안한 바 있다. 그러나 한국은 한·러 경제과학기술공동위원회 산하 극동시베리아분과위원회 회의를 통해 한국기업의 극동·시베리아 투자진출 등 현안 중심의 문제들을 협의하고는 있지만 아직까지 한국의 극동·시베리아 진출에 대해 러시아와 합의된 원칙, 목표, 방향 등을 총체적으로 규정한 로드맵과 행동계획을 수립하지 못하고 있다.

따라서 모든 범주를 포괄하는 기존의 '한·러 행동계획'과 차별화하여, 지역적으로 보다 극동·시베리아지역에 특화된 행동계획을 조기에 수립해야 한다. 이것은 러시아의 극동지역 개발 전략의 실행에 부합되는 방향에서 한·러 공동의 이해관계를 확인하고, 최우선적인 발전 목표와 방향을 제시하는 로드맵이 되어야 한다. 로드맵과 행동계획에 따라 양국의 상호보완적 경쟁우위

요소들을 최적으로 결합할 프로젝트를 선정해야 한다. 이 경우에도 기간별(단기·중장기) 및 자본규모별로 프로젝트를 구분하고, 단기에 소자본으로 실현할 수 있는 사업은 '성공모델' 구축형으로 추진하고, 장기 대규모 사업은 국제협력 사업으로 관리하는 것이 필요하다.

현실성과 비전을 동시에 담보한 로드맵과 행동계획을 수립하기 위해서는 실행가능한 조건과 환경 등을 구체적으로 검증하는 절차가 전제되어야 한다. 이러한 차원에서 '한·러 극동지역개발전략 공동 연구단'(가칭)을 구성하여 협의를 시작한다. 러시아 중앙정부가 주도하는 것이 아니라 개발의 주체와 잠재적 참여 당사자(한국 기업)가 공동으로 개발 전략을 수립할 수 있는 연구 기획단을 구성해야 한다. 러시아 극동 정부와 관련 연구기관, 한국의 러시아 전문가 그룹, 대러 투자진출 기업의 연구소 등이 공동의 연구단을 구성할 수 있을 것이다. 한국과 러시아 극동의 산업현장 교차 방문, 수차례의 발표 및 토론 등을 통해 관심과 이해관계의 차이를 조정하고 합의를 도출하는 방식으로 진행한다.

또한 이 연구단과 더불어 극동지역의 단일한 노동시장의 형성 및 공동 관리규제체계 확립, 그리고 법제 개선을 위해 작업반(working group)을 구성하는 것이 필요하다. 극동지역의 개발이 본격화될수록 극동지역에 진출한 북한노동 인력의 수요 증대가 예상된다. 공동의 일반화된 관리규제체계의 부재로 노동력 부족 문제가 미해결 상태에 있으며, 이는 극동지역 개발의 근본적 한계로 작용하고 있다. 합리적인 노동력 충원 계획이 수립되어야만 효과적인 극동지역 개발과 주변국들의 투자 진출이 가능하다.

그리고 양국은 한국의 '유라시아 이니셔티브'와 러시아의 '유라시아경제연합' 등이 어떤 점에서 전략과 이익이 수렴하는지에 대한 전략적이며 협력적인 토론을 시작할 필요가 있다. 양국은 '중앙유라시아 개발을 위한 이니셔티브'를 함께 구상해 볼 수도 있을 것이다.

6. 교역규모의 획기적 증진을 통한 경제관계의 강화

경제적 실익 증대가 미래 전략협력의 핵심이 될 수 있음에 주목하고, 한·러 간의 교역규모를 획기적으로 증진시키는 방안을 강구해 나가야 한다. 이를 위해 한·러 FTA 체결, 2020년 500억 달러, 2030년 1,000억 달러 등 구체적인 교역목표 설정 등이 필요하다.

러시아 현지생산체제 구축 등 대러 투자 활성화를 위해 투자정보와 서비스제공을 전담하는 협력 창구의 일원화가 필요하다. 중소기업에게 상세한 투자정보를 적시에 제공할 수 있는 '대러투자정보센터'와 같은 기관을 양국 정부의 지원으로 설립하는 것이 필요하다. 한편, 러시아의 대한국 투자 유치를 적극적으로 전개함으로써 한·러 투자불균형 문제를 해소하고, 전략적 투자협력의 범위를 확장하는 것도 필요하다. 러시아에 대한 관심이 비교적 높고 교류가 빈번한 지방자치단체 등을 중심으로 러시아 투자유치설명회 등 홍보 활동을 활성화해야 한다.

러시아에서 적극적인 시장진출 전략을 실현하기 위해서는 제품을 적기에 개발·생산·공급할 수 있는 합리적이고 효율적인 물류망 구축이 필요하다. 러시아의 물류체계가 매우 열악하고, 경제활동에서 물류비가 차지하는 비중이 매우 높다는 현실을 고려한다면, 한국기업들을 위한 복합물류단지를 시장권역별로 건설하는 전략이 필요하고, WTO 가입 이후 물류시장의 개방을 고려하여 물류산업에 대한 본격적인 투자를 준비해야 한다.

교역에 비해 상대적으로 비중과 역할이 작은 한국의 대러 투자관계를 확대하기 위해서는 러시아의 보다 적극적인 외국인투자유치 정책이 필요하다. 가장 우선적으로는 외국 에너지기업들에 러시아 대륙붕에 대한 독자적인 개발권을 부여하지 않는 등 외국기업의 자원개발 부문에 대한 참여를 제한하는 조치들이 철회되어야 한다. 투자관계 활성화를 위해서는 전략적 협력 관계에 있는 국가로부터 높은 신뢰를 얻는 것이 필요한데, 이러한 측면에서 러시아는 지속적이고 일관된 외국인투자정책과 개방적인 경쟁정책을 추진해야 한다.

또한 러시아는 투자 및 기업 활동과 연관된 절차와 규정을 일관되게 준수하고, 적법절차에 따라 인정받은 외국인투자자의 제(諸)권리는 안정적으로 보호받을 수 있도록 해야 한다. 예를 들어 현재 극동러시아의 농업개발에 투자 진출한 한국의 기업은 농업용수 사용권을 제한하려는 극동의 지방정부에 맞서 법정 소송을 진행하고 있다. 이와 같이 투자자의 소유권이 침해받는 사례가 발생할 경우에 러시아 시장 자체에 대한 신뢰는 추락하고, 그에 따라 외국인투자 유입도 제한적일 수밖에 없다는 것을 인식해야 한다.

7. 양국 간 신뢰 회복 및 상호 이해의 폭 확대

시급히 해결되어야 할 절박한 과제이자 중장기적으로 꾸준히 일관되게 추진되어야 할 사안이다. 외교적 맥락에서 상호 관심 및 이해 제고를 실현하기 위해서는 기존의 인맥에서 완전히 탈피해 새로운 지한·친한 인맥을 구축해야 하며, 신뢰 회복의 측면에서는 조기에 경제협력 부문의 '성공사례'를 만들어 국민들의 대러 이미지를 개선해 나가야 한다.

언론인들의 정기적 교류 확대, 여론주도층과 권력엘리트들에 대한 초빙외교가 강화되어야 한다. 한편, 활용 가능성과 파급효과 측면에서 본다면 정관계 네트워크 구축이 매우 중대한 과제일 수 있지만 한국의 정치과정상 지속성을 확보하기 어렵다는 한계가 존재한다. 따라서 향후 네트워크의 주체는 학자 등 전문가그룹과 '한·러비즈니스협의회'(KRBC) 등과 같은 기업가들이 중심적인 역할을 맡는 것이 바람직해 보인다.

8. 외교 제도의 혁신적 개편·강화와 전략적 소통 및 대화 채널 확대

한국의 경우 러시아가 역내 문제에서 소외되지 않도록 외교적으로 배려하는 자세가 필요하다. 대러 관계 강화를 위해 대폭적인 예산 증액이 필요하며, 유라시아 지역정세의 변동에 조응하여 외교부 내 유라시아국을 구주국으로터 독립시켜 유연하고 밀도 있는 러시아-유라아 협력을 담당하도록 해야 한다. 청와대에 러시아 및 유라시아 문제에 정통한 국제비서관의 신설을 적극 검토한다. 대러 정책·전략 수립 시 관·산·학 연계를 강화하고, 이 지역 전문가들의 참여를 확대한다.

정상회담의 정례화 문제를 구체화시켜 연례행사로 만들어 나가야 한다. 정부 간 대화채널 운영의 효율성 및 다원화를 추구해 나가야 한다. 한·러대화, 한·러포럼, 차세대지도자 교류, 문화, 언론 홍보 측면에서의 전략적 제휴를 확대해 나가야 한다. 1.5 트랙 형태의 전략대화를 신설하고, 차관급 전략대화를 경제 및 외교, 그리고 여건이 조성되면 국방 분야의 회담으로까지 확대해 나가야 한다.

PART

II

The 'Strategic Cooperation' between Republic of Korea and Russia

- From a Vision toward Policy -

Beom Shik Shin, Yongchool Ha, Dong Joo Suh,
Weon Yong Sung, Won Soon Kwon, Hyun Taek Kim

1

Twenty-Five Years of South Korean-Russian Relations: Critical Evaluations and Lessons

1. Trajectory of the Twenty- Four Years of South Korean-Russian Relations

As addressed in <Table 1>, since September 30th, 1990 for 25 years, Korea and Russia have been strengthening its cooperative ties across comprehensive areas. The relationship has been developed starting from promoting normalization of relations in 1990, towards, adjusting bilateral relations, developing new regional partnerships, and actively seeking future-oriented strategic partnerships.

It was Russian-Korean Joint Action Plan for Economic and Trade Cooperation, signed on November 19th, 2005, that provided an important stepping stone for strengthening practical cooperation between Korea and Russia. The

<Table 1> The Timeline of Korean-Russian Relations

Periods	Years	Official Naming of Relations	Key Summit Meetings	Special Notes
Normalization of Relations and Establishment of National Friendship	1990. 9. 30 ~ 1995		Roh Tae-Woo & Gorbachev (Moscow) Roh Tae-Woo & Yeltsin (Seoul) Kim Young-Sam & Yeltsin (Moscow)	- The Establishment of National Friendship and Granting of Loans for Russia. - Treaty on Basic Relations between Republic of Korea and Russia (1992) - Rapid Overheating of Relations and Discord - Moscow Joint Declaration (1994)
Adjustment of the Bilateral Relationship	1996 ~ 1998	"A Constructive and Mutually Complementary Partnership" (1994.6.~)	None	- Four Party Talks and Rapid Deterioration of Relations (1996) - Initiation and Regularization of a Joint Board dealing with Korean-Russian Economy, Science, and Technology (1997) - Economic Crisis inBoth Countries (1997/1998) - Mutual Deportation of Diplomats (1998.7.)
Managing to Overcome the State of Lull	1999 ~ 2002	Strengthening and maintaining of previous relationship (1999.5.~)	Kim Dae-Jung & Yeltsin (Moscow) Kim Dae-Jung & Putin (New York)	- Opening of a Summit in 5 years - 10th Anniversary of Korean-Russian diplomatic relations - Russia's Equidistance Diplomacy regarding South and North Korea
Developing New Partnerships	2003 ~ 2008	"A Comprehensive Partnership Based on Mutual Trust" (2004.9.~)	Roh Moo-Hyun & Putin (Moscow) Roh Moo-Hyun & Putin (Busan)	- Participation of Russia in Six Party Talks - Sixth Summit and Meeting - Establishment of "Action Plan" for Strengthening de facto Cooperation (2005.11.)
Pursuing Forward-looking Strategic Cooperation	2008. 9. ~ 2015	"A Strategic Cooperative Partnership" (2008.9.~)	Lee Myung-Bak & Medvedev (Moscow) Park Guen-Hye & Putin (Seoul)	- Agreement on Deepening and Broadening the Cooperation between the Two countries from a Long Term 30-40 years Perspective - Launching of Korea Russia Dialogue (KRD) - 2013 Joint Summit Statement (35 Provisions)

establishment of the Russian-Korean Joint Action Plan played a crucial role both in defining a direction and opening up a field for cooperation of the two countries, especially regarding mid- and long-term economic cooperation developments, evaluated as having had many successful results.

The heads and high-ranking officials of each state are meeting regularly. Cooperative programs, such as Korean-Russian joint Committee on Economic, Scientific and Technological Cooperation are operating smoothly. Although these cooperative moves experienced their ups and downs with the global economic crisis, trade and investment is increasing steadily. Also, there is notable progress in the discussion of large-scale projects in the energy and natural resource development fields, as well as the South Korea-North Korean-Russian gas pipeline connection business.

Since September 2008, the two countries are moving toward a realization of the vision they share via strategic cooperation. On September 29, 2008, then-President of South Korea, Lee Myung-Bak visited Moscow and met with former Russian President Medvedev to sign a joint statement containing ten provisions, which seek to elevate the status of the relations between the two countries to "strategic (cooperative) partners."

Such an elevation in status implies that the two nations have recognized each other beyond the level of potential partners for development, through determination to develop their bilateral relations to a new level.

Hence, it is important to understand the implications of the elevated status of relations to strategic partnership. Russia's interests in the North Korean nuclear issue provides many diplomatic dilemmas. Furthermore, the North Korean problem serves as the toughest obstacle between Russia and South Korea. Therefore, the two countries have gradually recognized the need to prepare mid-, and long-term plans, not only to overcome these obstacles, but ultimately to contribute to peace, and stability in Eurasia. Hence, the term 'strategic cooperative partnership' was used.

In May of 2012, Putin retained control of the Kremlin, and in February of 2013, Park Geun-Hye took office in Korea. After the establishment of new administrations, the two countries have been making great efforts to arrange opportunities for the promotion of bilateral relations – Russia, with its New Eastern Policy and Korea, with its Eurasia Initiative. During President Putin's visit to Seoul in November of 2013, the two heads of state jointly signed a total of 35 provisions, promising to deepen and further develop the bilateral strategic partnership.

2. South Korean-Russian Relations: Obstacles and Overcomings

A. Lessons from South Korean-Russian Diplomatic Disputes

Consideration of development of Korean-Russian relations and its dark side is very valuable in constructing future-oriented bilateral relations. Some of the more well-known examples of diplomatic disputes between the two countries are: 1) The exclusion of Russia from the 4-Party Talks and Russia's upheaval; 2) The deportation of diplomats (1998); 3) The assassination of Ambassador Choi Deok-Guen (1996); 4) The Anti-Ballistic Missile (ABM) Treaty Crisis (2001); 5) The floundering of the West Kamchatka Tourism Development Plan (2009); 6) and the failure of diplomatic mediation over the sinking of Cheonan (2010).

Keen analysis of such diplomatic disputes is a great starting point in developing and constructing relations between the two countries. It would be hasty to blame the governments as the sole cause of the diplomatic disputes. Nonetheless, they offer a good proposition concerning which direction the two nations should choose to gain mutual benefits. Lessons from these disputes thus far can be summarized as:

First, various diplomatic disputes between Korea and Russia resulted from Korea's misunderstanding of the circumstances and reality of the Russian State. The diplomatic policy of Korea toward Russia has to be the result of domestic circumstances and the politics of Russia. In order to understand and predict the diplomatic policy of Russia toward Korea, an understanding of domestic circumstances and the politics of Russia is necessary.

Second, it should be considered that Russia develops its foreign policy within the framework of a global macro-strategy, within which the process of understanding and interpreting the foreign policy of Russia, toward Asia and Korea, must also lie. Hence, the foreign policy of Russia toward Korea is developing with regional considerations; i. e. the Korean peninsula and Asia.

Third, although Russia had developed a foreign policy, favoring South Korea, while abandoning North Korea, it should be understood, as a basic condition of bilateral relations, that Russia has recently leaned toward the equidistance policy between South and North Korea. Russia realized that its former policy had resulted in the weakening of its influence over North Korea, as well as its status in the Korean peninsula and NE Asis as a whole.

Fourth, based on the perceptions suggested above, the

Korean foreign policy toward Russia should be finely tuned to accord with overall diplomatic conditions, as well as the establishment of a long-term Korean foreign policy independent of short term needs and decisions.

Fifth, Korean foreign policy toward Russia should be adjusted under the consideration of the overall relations with surrounding nations. This not only means that strategic cooperation with Russia must not become an obstacle in relations with Korea's neighbors, but also that Russia's position and benefits should not be underestimated due to the relations with its neighbors.

Sixth, the strategic cooperation by multiple sides and on multiple levels should be pursued while not leaning too much on "resource and energy diplomacy." Although Korea's foreign policy toward Russia, which seeks to secure resources and energy, is important, this goal should not be viewed as the only one, and the policy should provide benefits to the Russian public as well.

Seventh, mutual understanding and "emotional diplomacy" should be provided to Russia. An approach that fosters inspiration and understanding of the Russian mentality is necessary.

As a result, the starting point for improving the relationship between the two countries is to recognize the diplomatic particularities and to respect diplomatic success of each nation. The most important lesson learned during the last 20 years of this bilateral relationship is that ignoring diplomatic particularities of each other benefited neither.

B. How two countries view each other

It is evident that perception plays a significant role in forming the basis of a nation's foreign policy. Due to the severed diplomatic ties during the Cold War, the two nations' perceptions of each other have been uneven, often leading to misunderstanding and conflict. Thus, overcoming the problem of perception is a crucial precondition to improving Korean-Russian relations.

① Russia's Perception of South Korea

Russia perceives Korea's dependence on the US as the largest obstacle to a closer Korean-Russian security relationship. However, the two nations have been able to cooperate in other various sectors, including energy and logistics, even under the constraints of the US-Korea alliance. It would be desirable to slowly expand the current state of cooperation to include the security sector as a long-term strategy.

Russia also notes other limitations of Korea as an Asian partner, specifically the size of Korea and its economy. There have been instances where Russia seemed to treat Korea as a catalytic agent to encourage surrounding nations, such as Japan and China, to pursue cooperative relations with Russia. Rather than blaming Russia for such actions, Korea should actively pursue an initiative that takes advantage of the "Blue Ocean" between the two countries. Moreover, Korea needs to devise a strategy in which it can fully utilize its relations with Russia to reach a turning point within the politics concerning the Korean Peninsula, and more widely in Northeast Asia. To do so, Korea must enhance the lines of communication with Russia.

Another negative perception that Russia has of Korea is that Korea does not follow through with its promises. The two nations have agreed upon many projects in the past, but almost none have been realized. However, the recent example of FDI by Hyundai Motors in St. Petersburg marked the beginning of successful cooperation. Rajin-Hassan Logistics Partnership, the trilateral cooperation project between South Korea, North Korea, and Russia, holds significant meaning as it can further reverse negative perceptions in the past.

It seems that Korea is being reevaluated as a new regional partner as Russia aims to expand its influence over the

Asian-Pacific region. In light of this development, Korea needs to take notice of Russian interests and its actions in order to find common ground for further cooperation.

② South Korea's perception of Russia

The biggest problem is that Russia is not a high priority on Korea's foreign policy agenda. Russia may be the least influential nation compared to Korea's other neighboring states, but the level of disregard for Russia seems excessive. At the moment, there are no signs indicating any efforts to actively include Russia in Korea's foreign policy prospects.

Moreover, Russia-related agendas are often postponed because Russia is not a priority for major policy makers. However, the very pursuit of exploring the potential opportunities that Russia holds and the attempted fulfillment of them will broaden Korea's diplomatic mobility. To do so, more resources and personnel should be allocated to reinforce the associated Russian branches within the department of foreign affairs and national security.

The remnants of the Cold War and the experience of regime transition in Russia is an obstacle for Korean policy makers to accept Russia as a trustworthy nation. Also, they are not familiar with interpreting the diplomatic behavior of Russia and do not identify the potential of cooperation between the two countries within the framework of the West and the U.S. Although there are criticisms of Russia's arbitrary diplomatic condition, trust can only be built through the accumulation of successes, progress in cooperative projects, and steady communication.

On the other hand, as the Russian-Chinese strategic cooperation axis is merged with the Russian-North Korean cooperation axis, there is a growing concern about the possibility of Russia as a potential enemy and the growing prospect of the reestablishment of the Northern triangle cooperation framework. Furthermore, anticipation has grown recently about the potential of Russia on the Korean peninsula and the restoration of its influence over North Korea. These increasingly practical attitudes in Korea can be interpreted as a positive signal, which can organize the framework of the cooperation based on evaluating the worth of Russia realistically.

③ Disharmony from the international and regional political framework

Various foreign policies are influenced by the Korea-U.S alliance. Restricted by its foreign policy, the U.S tries to exclude the influence of Russia over the Korean peninsula and Northeast Asia. The U. S. strategizes on ways to prevent

Russia from restoring its position as a strategic actor in the Asian Pacific Region. The influence of the U.S. policy restricts the potential of independent cooperation of Korea toward Russia.

Furthermore, as a result of political influences on the Korean peninsula by the competition between Russia and the U.S, the strategic mediation with Russia would not be easy. A good example is the conflict between Russia and the U.S surrounding the ABM treaty abolition, putting Korea in a difficult position. This issue stems from the discrepancy in perception based on bilateral relations, regional politics, and international politics between two countries. Thus, Korea needs to respond to the strategy of Russia by understanding and analyzing it within a more multi-dimensional perspective. This is especially true since there isn't the possibility of Korean-Russian relations reaching a strategic cooperation, whilst the U.S and the West strengthen the restrictions on Russia after the Ukrainian Crisis. Therefore, during such structural transformation of regional and international politics, Korea and Russia need to identify objectives that can and cannot be achieved through strategic cooperation.

④ The direction to improve the discord in perception

The problem of perception between the two nations can be

analyzed through four main factors. First, mutual aim of the two nations to cooperate is lacking. Second, the expansion and level of strategic prospects are different. Third, anaccumulation of enough successful cooperations is needed in order to build trust between the two nations, which has yet to be seen. Finally, the level of mutual understanding between the people of the two nations is low on both absolute and relative terms.

Hence, by complementing these aforementioned points, Korea needs to actively attempt to construct an infrastructure allowing it: to pay more attention to the foreign policy of Russia; to pursue the creation of dialogue channels and reinforce those dialogues with mediation and strategic conversation; and to expand exchanges between the people to improve the two nations' relations.

3. The present state of the relations between Korea and Russia

The "strategic cooperation," which is the aim of the bilateral relations pursued by the two nations based on mutual agreement, denotes that relations constructed should be perceived to enable the pursuit of strategic cooperation on both the regional and global levels via bilateral relations.

The factors of strategic cooperation consist of: first, strategic communication; second, strategic mediation; and third, projects pursuing common strategic results. The present state of Korean-Russian relations must be evaluated objectively based on these four factors.

First, various levels of communication channels have been developed during last 20 years for strategic dialogues. There were some results from diversifying communication channels and increasing their quality. However, those conversations were sporadic, superficial, and unfocused. Another problem is that the two nations could not reach the level of strategic understanding of the needs and concerns of the other party. Also, in comparison to relations with neighboring nations, such as the U.S, China, and Japan, Korea has restrictive channels of strategic communication with Russia. Therefore, the government of the two nations should foster the diversification and reinforcement of communication channels on multiple levels by clarifying and focusing on specific topics of communication. Furthermore, the governments should try harder to understand the strategic anxiety and needs of the other by developing critical channels, which enables strategic communications.

Second, the two nations have experienced failure and limited success regarding strategic mediation. The abolition of the ABM treaty put Korea in a difficult position between Russia and the U.S. There was also competition over managing the Korean Peninsula Energy Development Organization (KEDO), which resulted from the four party talks and its follow-up measures. They have discovered the limits through their attempt at strategic communication and mediation regarding the response to Cheon-An ship situation. However, the two nations have made some cooperative success by constructing the mutual-assistant system through this same strategic approach from the process of six party talks.

The situation over the strategic mediation between the two nations can be broken up into three areas: Missile Defence (MD), the management of the Proliferation Security Initiative (PSI), and the design of the collective security system of Northeast Asia. The two nations should make an attempt to maintain daily relations to develop and discuss the cooperation on pending issues they must face, and at the same time they should attempt to develop a regular stage for conversation, which should be managed on mid- and long-term levels to discuss the future of regional and global order, as well as increasing the discussion of strategic mediation. Furthermore, they need to start from a joint collaboration on a project by applying strategic mediation experience from a low level to a high one.

Third, the two nations deserve low marks from the results of the projects created for the pursuit of joint strategic interests. They were only concerned with fragmented benefits from the bilateral relationship. Of course, Korea and Russia have tried to overcome the limited scope of cooperation on the North Korea issue. A trilateral cooperation was proposed, but ultimately it could not overcome the limitation of their political-economic separation and could not embrace wider regional dynamics. In Northeast Asia, politics and economics do not interact in a mutually exclusive manner in which economic interdependence increases, while security conflict continually deepens. Under this distinct regional dynamic, the two nations need to find an area where they can pursue strategic cooperation without infringing on each other's strategic interests. There are various agendas on the Northeast Asian, Asian-Pacific, and global levels, where the two nations can cooperate. Any obstacle that seems insurmountable under the current alliance structure may be overcome by developing a method to bypass the obstacle in a flexible international political system. This is where creativity is required for bilateral strategic cooperation.

Ultimately, it is difficult to say that Russia and Korea to have entered the phase of strategic cooperation in the truest sense. Even setting the North Korean missile crisis aside, the two nations have not been able to partner up for genuine strategic cooperation. Objectively speaking, the Korean-Russian bilateral relationship has just begun the process of finding the balance among the bilateral, trilateral (South Korea, North Korea, and Russia), regional, and global agendas. Consequently, the two nations should not hold unrealistic expectations or completely disregard cooperative relationship, and should work toward establishing a strategic companionship based on balanced and realistic judgments.

2 Russia and South Korea in Northeast Asia

1. An Overview on Northeast Asian Affiars

In the upcoming decade, the Northeast Asian Region can be seen as a blast furnace in the sense that it will go through many changes. The heart of this change would be the rise of China and the response of the surrounding countries to reorganize themselves and accommodate to this rising power. As the balance of power changes, the various cooperations and conflict dynamics among the U.S., Japan, China, Russia, North Korea, and South Korea are expected to come to light, which will – in the long term – give rise to a new international system and order.

The strategic game of restructuring the international order and power dynamic is currently ongoing within

Northeast Asia, and this is expected to continue until the year 2025 as long as China continues its rise. In the future, there will be greater attempts to facilitate dialogues between the U.S. and China, along with heightened competition, leading to an era of complex interdependence and network interactions of geoeconomic, geopolitical, and geocultural elements.

Northeast Asian Order is expected to exhibit the following characteristics until the mid 2020s.

First, the combined effect of U.S.'s relative decline and China's rise is predicted to restructure the international order and power dynamic, leading to the reorganization of the currently haphazard Northeast Asian order. The major

<Table 2> Northeast Asian Policies of Major Countries

Country	Main Contents
South Korea	Trust Building Process on the Korean Peninsula, Northeast Asia Peace and Cooperation Plan, Eurasia Initiative
Russia	Reconstruction of Great Power Russia, Eurasia (Economic) Coalition, New Policy for the East
U.S.A.	Asian Pivot, Re-balancing, Restricted Intervention
China	The Chinese Dream. New Superpower Relations, One Road-One Belt Initiative
Japan	Active Pacifism, Collective Self-Defense, Strong Japan
North Korea	Nuclear Military Force, Economic Development
Mongolia	Nuclear-Free Dialogue Theory, Ulaanbaatar Talk

powers will attempt to expand and secure their spheres of influence through cooperation and conflict.

Second, the dynamic nature of the trilateral relationships U.S.-China-Russia, U.S.-China-Japan, South Korea-China-Japan, etc. will be very important in restructuring the Northeast Asian order. Especially, the trilateral relationship of the regional superpowers – the U.S., China, and Russia – will significantly influence the international and Eurasian order.

Third, the bilateral Russian-China relationship is expected to deepen, in order to strengthen its current 'Strategic Partnership' relations. However, because this strategic bilateral partnership was a temporary result of a trilateral relationship with the U.S. as the single superpower, there is always a possibility that such a partnership will dissolve under great changes in the power dynamcis of the U.S.-China-Russia trilateral relationship. Nevertheless, it is unlikely that such a clash of interests will occur at least within the next decade. Especially, in the wake of the recent Ukrainian situation, Russian ties with the U.S. and other Western powers are worsening, which will strengthen, not weaken, Russian-Chinese ties regarding the Northeast Asian state of affairs. Thus, it seems likely that a 'U.S.-Japan alliance versus Russian-China strategic partnership' will eventually occur.

Fourth, tensions will build upin the military sphere, and the arms race will accelerate. As China's military power expands, the U.S. and Japan will react accordingly. Concurrently, the Korean peninsula situation will remain unpredictable, which will all contribute to a heightening of military tension. This will lead to an increasing importance of the maritime security of the North Pole Route and the Sea Line of Communication (SLOC). Also, it is predicted that China's rise will increase anxiety and fear felt by the surrounding countries.

Fifth, the competition among the surrounding countries for securing new international leadership will intensify. As the political leaders of the major countries change from the year 2016, there will be new visions and goals set forth by new administrations, which will intensify the competition for the restructurion of the regional order.

Sixth, the issue of divided countries, like Taiwan-China and the Korean peninsula, will also contribute to deciding the future of the internal order of the region.

2. Russian policy toward the Korean Peninsula and Northeast Asia

A. Russia's Future-oriented National Strategy

The Russian government under Putin strives for a "Rebuilding of Russia as a Great Power" as its national goal, and from 2008 it promotes "modernization," especially "innovative economic transition," as its government mission.

The blueprint that shapes the current mid- and long-term development strategies in Russia is 'Putin Plan 2020' prepared by the ruling United Russia party in 2007. To keep up with this plan, Russia has been putting into effect similar mid- and long-term developmental strategies like "Energy Strategy 2020, 2030" and "Transportation Strategy 2020, 2030" in the industrial sector with a target deadline of 2020 to 2030. "Putin Plan 2020" aims to break from resource dependent economic structure that is dependent on petroleum, gas, etc., and instead adopt a systemic transition into a knowledge-based economy where Information and Communication Technology (ICT) and innovative activities become a central components in developing Russia into the world's 5th economic power, a strategic goal of creating a rich country with a per capita income of $30,000, domestic resource development, expansion, and investment in production infrastructure.

With the official inauguration of President Putin on May 7th, 2012, Putin has assumed power in Moscow for the third time. Through his election pledge, Putin promised to actively pursue the following five areas: 1) Russia's value; 2) Worthwhile life – citizen of a great country; 3) Strong economy – strong Russia; 4) Efficient power under national control; 5) A strong Russia in a difficult world. Even in a new Putin 3.0 era that is preoccupied with trade and commerce, it is expected that the aforementioned policy frameworks will persist.

Upon reaching the 2020s, it is expected that Russia will have a more heightened international reputation and foreign influence than what it currently has. Russia is predicted to continue its position as a UN Security Council permanent member and the No.2 status in the military sector. Furthermore, Russia will continue to strive for a power balance in the international sphere and promote "regional stability" in the regional sphere, even while its cooperative relations with the U.S. and the EU worsen. And as a member of BRICS, Russia is expected to strengthen its strategic connection with China, India, Brazil, and other future powers, increasing its international influence. Moreover,

Russia will also try to strengthen the economic integration in the Eurasian space through a customs union and Eurasian Economic Community (EurAsEC) integration, while in the long term, it is predicted to pursue a strategic goal of founding the Eurasian Union.

B. Russian Economy's Future Prospects

The "Russian Federation's long term Socio-economic Development Plan" aims to develop Russia into the 5th largest economy by 2020. In the midst of pluralistic development models, Russia has confirmed its appearance of being a world power and will develop its status as a polar axis in the multipolar world order. It is improbable that Russia would regain the status of a superpower that it had during the Cold War, but it is likely that the country will be able to rise to 5th in the world in terms of comprehensive national power in the long term.

While it is expected that the world's energy demands will continually rise, Russia is responding by pursuing an energy exploration and production plan (resource development in the Far East and Siberia), and integrated strategies of transport systems (for instance, UGSS, ESPO, etc.). Russia's status as an energy provider will rise, and the energy cooperative business, like the development of natural resource sites and pipeline connections, will be utilized as part of its international strategy. However, in recent times, the tasks gradually become more and more important how Russia will respond to the reducing demand for energy as results of the "shale revolution" and world economic stagnation, and to the sanction measures by the Western countries including the U.S. against Russia's activities over the Krym and the Eastern regions of Ukraine.

The economic policies of the Putin 3.0 era will diverge from the excessive growth efforts of the previous era, and attempt to maintain a balance between development and stability, while heavily investing resources into social development projects like those in the health and educational systems. In the mid- and long-term, Russia will promote the concentration and accumulation of capital within the energy and military-industrial complexes, and will continue to strengthen its international competitiveness through these businesses. The future Putin 3.0 era will see a relative decline in liberal economic policies compared to the previous Medvedev era, along with increased government intervention in the economic sector.

Meanwhile, the formal membership into the WTO on August 22nd, 2012 will additionally contribute toward the development of the Russian economy by raising productive and economic competitiveness through improvements in service quality and reductions in price, and even drive economic diversification to revitalize foreign direct investment.

However, for this optimistic outlook regarding the Russian economy to be fulfilled, Russia needs to overcome structural problems entrenched in its economy, like a "natural resource dependent" economic structure reliant on their export, inadequate regulatory reforms, weak financial system, demographic crises, widespread corruption in society, and organized crime etc.

C. Basic direction of the Russian diplomatic security policy

Russian diplomatic security policies are expected to pursue a change in format to adapt to a changing environment, while maintaining its consistency in content. The overall policy position is expected to adhere to the complex geostrategic goals of combining the existing major power objetive, pragmatic and multifaceted omnidirectional diplomacy, with newly adopted public diplomacy. The national development model will center on a patriarchal national system, emphasis on policy efficiency, and realistic diplomacy objectives.

Additionally, Russia will establish itself as an independent strategic actor and strengthen access to Western cutting-edge technology, while seeking ways to participate in various international agenda-setting organizations like the G20, to expand the scope of diplomacy and establish an independent economic unit with CIS nations.

Moreover, Russia is expected to strengthen its status as an oil and gas exporter and a major military power, while concentrating its efforts of developing the Far East and Siberia. The Putin 3.0 Era established the Ministry for the Development of the Russian Far East for the "Socio-Economic Development of the Far East and the Baikal Region until 2025;" it is trying to be incorporated into the Asian-Pacific economic bloc and is trying to strengthen cooperation with other Northeast Asian countries. According to the Russian Long-term Socio-Economic Development Plan, almost 30 industrial facilities are scheduled for construction in the Far East and Siberia, which will result in a twelve-fold increase in the regional GDP.

Russia has declared itself a Euro-Pacific nation, moving away from traditional Western-centric diplomatic policies, and redefining the importance of Asia-Pacific region. Russia feels the need to develop its eastern region, located between the Ural Mountains and the Pacific Ocean, and will try to approach the surrounding developing economies, like Korea and Japan, and to check the rise of China.

D. Russia's strategic goals in the Northeast Asian region

From Russia's perspective, East Asia is one of the Eastern axes in the Eurasian region, and a strategic location. There are three countries, South Korea, China, and Japan, which are dynamically developing, and can be linked with the Iron Silk Road initiative, energy connection projects, and Far East Siberia developments, etc. on the economic side as an important region under Russia's future-oriented perspective.

Furthermore, Russia has policy goals and interests such as promoting a strategic balance between the East and the West within the Eurasian region, an expansion of its role in the Six-Party Talks, the building of a Northeast Asian Multilateral security system, and the participation of regional nations in the Far East Siberian development project, etc.

In the East Asian region, Russia has achieved a balance of power through a Eurasian network, geoeconomic cooperation and investment incentives, and comprehensive diplomacy through strategic utilization of energy resources as goals to be pursued in the future.

More than anything, it is important to notice Russia'

s efforts to stimulate multilateral collaborations in several areas of Northeast Asia within its Northeast Asian policy.

In the Northeast Asian Community discussion led by China, Japan, and South Korea, Russia is often considered an outside actor. As China becomes a regional and global economic power, Russia loses its competitive edge, and its political position may weaken too. In this situation, Russia may fall victim to the political temptation of manipulating the conflicts between U.S. – China and China – Japan. However, such diplomatic conduct may lead to a great loss in the long term.

The phenomena that may be perceived as "invasions" in the Far East Siberian region, with the rise of China, may result in political conflicts. On the other hand, China's marketization and democratization triggers a structure of bilateral, trilateral, and multilateral cooperation in the Northeast Asian region, thereby minimizing the reality of the potential threat and allowing Russia to participate in Northeast Asian regionalism.

Instead of establishing itself in the geopolitical conflicts, Russia is more wary of the regional partnership that excludes it. Thus, it is likely that Russia will take the lead in looking for and facilitating the fields where neighboring countries share mutual interests and complementary cooperative mechanisms.

Fundamentally, Russia believes that the North Korean nuclear problem should be resolved in a peaceful and diplomatic way through the Six-Party Talks, and North Korean abandonment of its nuclear program should be followed by security assurances and corresponding economic assistance measures by the U.S. and related parties. As a member in the Six-Party Talks, Russia's enthusiastic participation and role conforms to its strategic assignment of restoring its power status, and will also enhance the Russian status in the Korean peninsula regarding the resolution of the North Korean nuclear problem.

In addition, Russia actively participates in regional multilateral cooperation like Asia-Pacific Economic Cooperation (APEC), East Asia Summit (EAS), Conference on Interaction and Confidence-Building Measures in Asia (CICA), Asia Europe Meeting (ASEM), ASEAN Regional Forum (ARF), etc. in order to diversify its abilities of regional influence.

In sum, Russia is more preoccupied with creating conditions that will enable it to secure real benefits continuously rather than acquire a leading position in Northeast Asia. Russia does not seem to seriously consider the cost of taking such a step.

E. Russia's goals in the Korean Peninsula

Regarding the Korean Peninsula, Russia is likely to adhere to a position that maintains a normal relationship with South and North Korea simultaneously. In other words, Russia will maintain its equidistance policy toward South and North Korea. This particular position is not problematic from Korea's perspective because Russia's continued presence in North Korea can be an important basis for the Korean-Russian bilateral strategic cooperation.

Unlike China, Russia can benefit significantly from dissolution of the Cold War dynamics in the Korean Peninsula and its reunification. As a potential contiguous nation to the unified Korea, Russia will have a strong voice in Northeast Asia. From Korea's perspective, it may be able to dissolve the psychological barrier derived from the Moscow-centric mindset rampant in the Korean society.

Simply put, Russia's diplomatic goal in the Korean Peninsula is to foster a peaceful and stable security environment, so that it can implement its domestic reforms in a stable manner. This goal is likely to be maintained in the future.

To achieve its goal, Russia is pursuing the peaceful resolution of the North Korean nuclear issue, denuclearization of the Korean Peninsula and the prevention of development and distribution of weapons of mass destruction, prevention of an anti-Russian attitude in South and North Korea, strengthening of Russia's role in the Six-Party Talks, and strengthening of the North Korean leverage against South Korea. In terms of economic benefits, Russia aims to secure a beachhead for expansion into the Asia-Pacific economic bloc, and to promote stable exports of energy resources and the development of the Far East and Siberia. These goals are also expected to remain as mid- to long-term policy objectives. In terms of regional cooperation, Russia has been legislating various plans and allocating diplomatic assets to strengthen cooperation with Asia and the Asia-Pacific region. These efforts to penetrate and strengthen its influence in the Asia-Pacific Oceanic region will become the most prominent feature of Russian diplomacy in the future. As a Euro-Pacific nation, Russia will strengthen cooperation with the Korean Peninsula in energy, transportation infrastructure, logistics, food security, marine resources, education, and scientific technology in order to bolster its status in the Asia-Pacific region.

F. Values of South and North Korea, from the Russian Perspective

Russia views the Korean peninsula as a strategic hub in Northeast Asia that connects the continents and oceans, and believes it to have a strategic value in building a regional security order. In other words, Russia has identified South Korea as an important player in the Northeast Asian balance of power that can check China and Japan. Furthermore, it recognizes Korea as the basis of security in Northeast Asia in promoting new peacekeeping partnerships, ultimately contributing to the creation of a multilateral security system built for the Northeast Asian security system. In addition, it sees Korea acting as the potential bridgeway linking Asia with the global market economy. This is evidenced by the recognition of Korea as an economic partner via gas pipeline construction projects, the TSR-TKR connection project, etc. It is extremely likely that Russia conceives Korea to be an important collaborator in the development of Siberia and the Far East as a platform for incorporation of the region into the Russian economy.

With regard to the nuclear issue, Russia relies heavily on the idea of "denuclearization" of North Korea. Russia hopes for North Korea's return to the NPT, allowing

IAEA inspections, fostering the creation of documents committed to ensuring the security of the North, the North-US dialogues or multilateral dialogues, and the 6 Party Talks through diplomacy, emphasizing the peaceful resolution. Russia will likely foster its role as a constructive mediator between the US and North Korea. Under the recent atmosphere in which the Six-Party Talks have not resumed, the status of Russia is threatened by the inefficiency of the Six-Party Talks. In any case, three- or four-party talks should be prevented.

No official document confirms that Russia is preparing for North Korean contingency. In addition, many of the Korean Peninsula experts in Russia are estimating that the chance of a system breakdown, or drastic political change in North Korea is relatively low. Nevertheless, if such contingency or a sudden change occurs in North Korea, including a situation of instability, Russia is expected to take its own action with various justifications, such as, ensuring the stability of its borders, protecting overseas Russians in North Korea, guaranteeing a transparent international process of securing weapons of mass destruction, and fostering the mission of the UN Security Council. Russia also stipulated in the joint amity treaty, signed in February of 2000, that "both countries will consult immediately in the event of a security threat," which has left room to intervene in North Korea. Russia will consider not only North Korea's internal circumstances, but also civilian and military trends of neighboring countries, when it decides to take action in an event of such contingency. In doing so, it is likely that it will demonstrate compliance with international law, rather than coerce its role in the region as an offensive and aggressive actor.

3. Northeast Asia and Korean Foreign Policy

Foreign policy under the current Park Geun-Hye administration regarding Russia goes as following: On the regional level, the Park administration foreign policy framework consists of Trust Building Process on the Korean Peninsulfa, Northeast Asia Peace and Cooperation Initiative, and Eurasia Initiative. The practical links these policies have with one another having previously been discussed in the 'National Security Strategy' announced by Office of National Security (http://www.president.go.kr) on August 2014. <Figure 1> shows how the Korean national security strategy relates to the government operation of the current Park administration and helps understand the basic objectives.

<Figure 1> Korea's national security strategy system

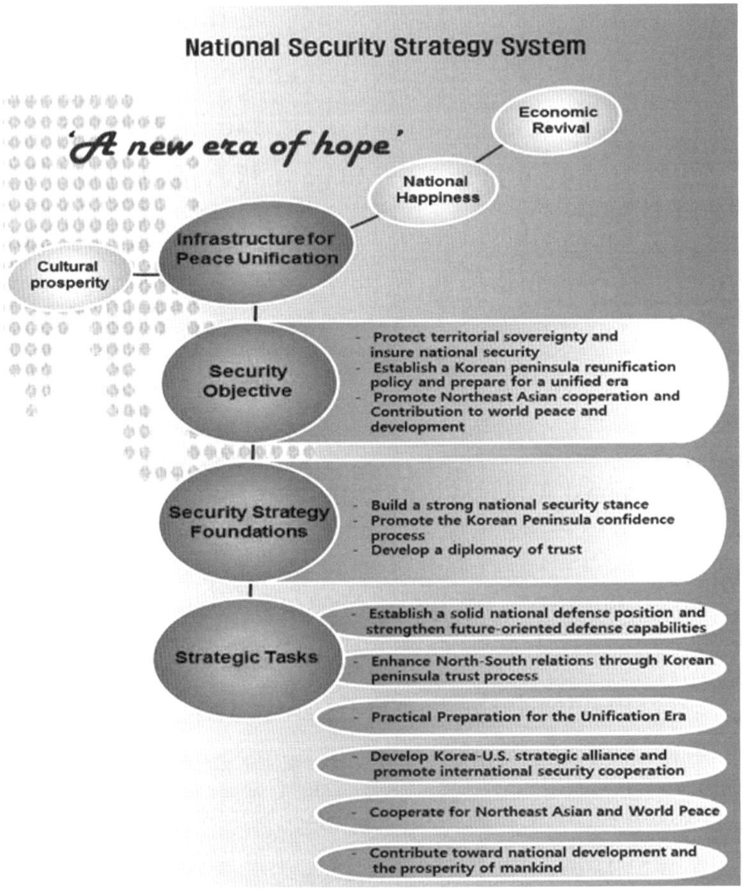

Source: National Security Council, National Security Strategy of the Republic of Korea (2014).

In the 2014 operational report presented by the Ministry of Unification and the Foreign Office, some parts regarding Russia deserve attention. In the case of the Ministry of Unification, the policy goal has been set as 'Lay the basis for a peaceful North-South unification through trust and cooperation' and their three main strategies are: 1) Sustain peace in the Korean peninsula; 2) Begin Korean peninsula confidence process; 3) Prepare for an era of unification.

In the detailed action plan, the Ministry attempts to convert the Korean Demilitarized Zone (DMZ) into a peace park and promote North-South cooperation in the 'Eurasia Initiative.' The Ministry of Foreign Affairs (http://www.mofa.go.kr), too, promotes 'Confidence Diplomacy to give rise to a new Korean peninsula era' through three main directions: 1) Establish sustainable peace; 2) Induce change in North Korea through international cooperation; 3) Broaden international support for unification. The direction of policies, like the promotion of the Eurasia Initiative through Rajin-Hasan's distribution business and others, are all directly or indirectly related to Russia.

In the diplomatic security strategies announced by the Korean government, we can note that with respect to the restructuring of international order in the Northeast Asian region and change in the Korean peninsula situation, Russia is bound to be much more important in Northeast Asia and the Korean peninsula than ever before.

4. Core Objectives to Improve South Korean-Russian relations

The policy framework, which attempts to regulate instability due to regional changes, provides a good outlook for the early 21st century Northeast Asian state of affairs. This is essential not just for the domestic developments for each country, but also for a joint implementation on the international scale. Thus, Russia's and Korea's diplomatic policy framework also contributes to this greater scheme.

More than anything else, it is important for the main powers - namely the U.S., Japan, China, and Russia - to recognize the need for regional stability and peace, and foster an environment to sustain them. At the same time, it is necessary that they attempt alternative forms of communication and dialogues. These include South-Russian-U.S., South-Russian-Japan, and South-U.S.-China-Russia, and not only the traditional South-U.S.-Japan and South-China-Japan. Furthermore, we should strengthen the cooperative networks in all Northeast Asian in the local, regional, broad, and global levels.

It will be favorable for Korea to restructure the regional political framework that encourages mutual cooperation within the strategic trilateral U.S.-China-Russia relations.

Korean-Russian should cooperate to ensure that Russia could alleviate any conflict of interest that may arise between the U.S. and China within the U.S.-China-Russia trilateral relations. Russia can promote Northeast Asian regional stability, peace, and common prosperity through its role as a mediator. Russia's increasing role as a strategic regional actor may improve Korea's diplomatic environment.

Even while experiencing internal political and economic problems, Russia attempts to strengthen its influence in Northeast Asia and the Korean peninsula. Fortunately for Korea, it is more likely that Russia will become a country to cooperate with instead of compete against. Thus, we can pursue a strategic partnership with Russia in the complementary relationship structure where both Russia and Korea can seek mutual benefit.

After its transition, Russia became a state of similar values – democracy and market economy – apt for the role of a mediator and facilitator fostering Northeast Asian peace and development. In the security sector, Russia can be expected to take on a positive role regarding the North Korean nuclear problem, and can become a friendly force supporting the peaceful unification of the Korean peninsula. Also, Russia can help bring regional balance and stability in the wake of the competition between the U.S. and China due to the recent rise of China. Economically, Russia is a land of opportunity and a new frontier of challenges where one can utilize capital, technology, and management capacity in the process of developing East Siberia. Furthermore, Russia can become a cooperative partner that shares views and benefits regarding regional order, as we go beyond the existing competitive framework of "Maritime power vs. Land power" into a more regionally cooperative model that prioritizes shared interests and mutual benefits among the involved countries. As a result, both countries should try to actualize and deepen their shared interests and cooperate strategically.

< Fig. 2>

Korea-Russia Strategic Partnership:
Goals, Current Tasks, Basic Direction, and Implementation Plans

Goals

The Realization of ROK-Russia Common Strategic Interest through Implementation, Deepening, and Development of Strategic Cooperation

↓

Current Tasks

- Stabilize bilateral relations based upon mutual understanding and respect
- Support Korean reunification and Secure friendly force to reunified Korea
- Co-prosperity through strengthening Korean-Russian economic cooperation
- Expand network diplomacy for promote mutual understanding
- Strategic cooperation for building multilateral security regime in Northeast Asia

↓

Basic Direction

[Expand the foundation for strategic cooperation]

- Promote proper and upright national image, improve understandings, and foster confidence between South Korea and Russia
- Strengthen mutual public diplomacy and organize dialogue channels
- Foster next generation's leaders who will lead the development of their bilateral relations
- Reinforce the bilateral relationship through strengthening institutions and expanding their base

[Construct Korean peninsula unification infrastructure and facilitate the unification process]

- Create a friendly international environment for the unification of the Korean peninsula and enhance Russia's positive role
- Cooperate to create a mutual prosperity network in the Korean peninsula
- Develop a South-North-China-Russia regional coalition (tentatively International Cooperation for the Northern Region)
- Actively embrace and increase participation in national development project led by Russia

[Peace and co-prosperity in Northeast Asia and Eurasia]

- Promote a stable security environment in the midst of power transition and regional order restructuring in Northeast Asia
- Cooperate with Russia to create a multilateral security regime based on regional great powers balance
- Cooperate strategically and practically for peace and co-prosperity in Eurasia

↓

Implementation Plan

Security Cooperation	- Strengthen ROK-Russia strategic communication cooperation - Develope South-Russia future vision, Implementing Russia's Grand Strategic Plan - Plan and implement Russia's Siberia and Primorsky regions' development cooperation - Realize the importance of the 'Russian variable' in our diplomatic promotion and nation agenda - Promote Eurasia policy by developing Eurasian foundation and policy
Multilateral and Sub-regional Cooperation	- Explore mutual common interests based on geostrategic cauterization of regional space and implement strategic cooperation of ROK-Russia - Restructure ROK-Russian cooperation for developing regional multilateral cooperation systems - Evaluate and select future plans and projects regarding Northeast Asian multilateralism and sub-regional cooperation - Review and implement cooperation in the energy realm for Northeast Asian multilateral cooperation
Substantial and Practical Cooperation	- Put the trade potential into practice and discover new sectors to cooperate in - Implement the existing projects in the energy and distribution industry (1. Strategic cooperation in energy, 2. Cooperating in railway lines and distribution, 3. Developing the Arctic Ocean region) - Implement the potential for cooperation in farming and fishing industries
Foundation Expansion Cooperation	- Review and restructure the multilateral dialogue systems of both countries and promote a continuous dialogue - Expand communication channels among leaders - Reinforce South-Russian Economic Scientific Technology Cooperative Committee and Far East-Siberia Development Cooperation Meeting - Develop a new cooperative model for social, cultural and artistic exchange, and expand the interaction of journalists - Fostering of future generations of academic and public diplomacy experts

3

South Korean-Russian Strategic Cooperation and its Direction

1. South Korean-Russian 'Strategic Cooperation': Scope and Content

The general aim of Korean diplomacy toward Russia was to facilitate the stability and peace of the Korean peninsula, and the mutual prosperity of South Korea and Russia. To achieve this, Korea strives to further the Korean-Russian relationship by implementing and deepening their strategic cooperative partnership.

The term 'strategic' has a variety of implications. The actor and scope of cooperation can be classified not only in bilateral, regional, global units, but can also be expanded to include comprehensive security. If the cooperative scale is regional, it becomes important to have a communication structure and channel constructed that facilitates strategic agreements with neighboring states. While, in the sense that 'strategic cooperation' assumes the achievement of 'strategic communication, shared interest, realistic programs,' it also implies that there will be a shared vision, strategies, and the maximization of mutual understanding through a bilateral relationship. Ultimately, the term 'strategic' is one that describes both a process and a point of realization.

In that context, it is important to note that in the midst of the recent restructuring of the Northeast Asian political economic order, Russia has become increasingly important. Thus, we need to account for this trend by developing a strategic cooperation with Russia at a bilateral level. The scope and direction of the strategic cooperation and the main cooperative targets by issues are listed below in <Table 3>.

First, strategic cooperation on the bilateral level is the most important, and becomes the starting point of the development of a relationship. Here, the main strategies are reinforcing and institutionalizing strategic cooperative partnership, constructing reciprocal economic relations to pursue economic cooperation, and enhancing and cooperating in the military sector.

<Table 3> The Scope and Content of Strategic Cooperation by Issues

Scope	Strategic Direction	Cooperation Target
Bilateral Level	- Build a strategic cooperative partnership: reinforcement and institutionalization	- Propose a 'future vision' for Korean-Russian relations and implementation - Utilize communication channels and construct a network (Expansion of existing strategic dialogue, institutionalization of KRD, reinforcement of Korean-Russian parliamentary union, etc.) - Exchange social and cultural softpower like culture, arts, sports, etc.
	- Construct reciprocal economic relations to pursue economic cooperation	- Develope an international economic cooperation for Northeast Asia and promote economic development of participant countries by attracting foreign investment - Plan 'Project Siberia,' an international trifecta that combines Chang chun-Jilin-Tumen, Primorsky region, and Rason Special Economic Zone - Develope plans for Pan East Sea and East Sea Rim - Put into practice South-North-Russia trilateral cooperation (Far East Siberian version of Gaeseong Industrial Complex, Establishing and operating a farm, Gas pipeline through North Korea, Connecting TSR-TKR, etc.)
	- Enhancement of and cooperation in the military sector	- Education exchange of high-level military personnel - Implement mutual military training observations and joint military drills - Trade in brown bear business and military weapons - Cooperate in maritime security - Build military trust

Scope	Strategic Direction	Cooperation Target
Regional Level	- Form a network to resolve diplomatic security issues - Create a positive atmosphere for East Asian security environment - Construct a broad network for Eurasian peace and public management	- Denuclearize the Korean peninsula and resolve the North Korean nuclear problem - Cooperate with Russia to induce North Korea to reform and open up the country, to prepare for both the state normalization or sudden change in North Korea, and to establish foundations for an unified Korea - Cooperate in regional security issue resolution mechanism through 6 party talks, security networks, East Asia Security Agreement (Declaration), non-proliferation policy of Weapons of Mass Destruction (WMD) - Plan trilateral (four-way) dialogue channels: South-U.S.-Japan, South-U.S.-China, South-U.S.-Russia - Discuss constructing various forms of Northeast Asian multilateral security associations - Construct various infrastructure projects and multilateral cooperation systems for Eurasian peace and public management
Global Level	- Enhance communication and understanding regarding the global strategies the two countries employ	- Respond to terrorisms, cooperate in non-proliferation of WMD, maintain NPT system - Develope PKO activities through UN - Cooperate in climate change and world health issues - Abide by international norms and international laws - Cooperate in policies through ASEM, APEC, ARF, EAS, IAEA - Develope South Korea-Russia cooperative aid programs for poor countries - Cooperate in strengthening global governance

Next, the strategic cooperation in the Northeast Asian regional level includes forming a network to resolve diplomatic security issues and creating a positive atmosphere for the security environment. Here, the denuclearization of the Korean peninsula and the resolution of the North Korean nuclear problem are the top priorities, while other goals include South Korea-Russia cooperation to induce North Korea to reform and open up, to prepare for both state normalization and sudden changing situations in North Korea, and to establish foundations for a unified Korea in the future. Aside from these are cooperation in regional security issues through the Six-Party Talks, security networks, an East Asian Security Agreement, non-proliferation policies for weapons of mass destruction (WMD), South-U.S.-Japan, South-U.S.-China, South-U.S.-Russia, trilateral (four-way) dialogue channels. These goals were drafted, keeping in mind the possibility of South Korea's becoming a power balance that keeps both China and Japan in check. The discussion of constructing various forms of Northeast Asian multilateral security associations also forms a part of the regional strategy.

Also, on a broader regional level, there should be discussions of various cooperative plans to promote stability and peace in the Eurasian continent, especially through initiating different businesses that will not only bring peace, but also common prosperity.

Finally, on a global level, the two countries should enhance communication and understanding of each other's global strategies, share their universal values, and discuss policies for comprehensive security issues. To start off, they can focus on responding to terrorism, cooperate in non-proliferation of WMD, cooperate in PSI, develop PKO activities through the UN, fight against Somalian pirates, combat climate change, and world health issues. Aside from these, they can develop South Korea-Russia aid programs for poor countries and unite in strengthening global governance.

In conclusion, if we assess the strategic cooperation between South Korea and Russia under the criteria above, it is difficult to say that the two countries are in a truely strategic cooperative level with regards to their projects that showcase strategic communication, strategic coordination, and common strategic results. In fact, it seems as if the two countries have just entered a stage where they are attempting to determine a cooperative balancing point in the bilateral, trilateral (South-North-Russia), Northeast Asian and Eurasian regional, and global levels. As a result, in thc future, the two countries will have to work together in strategic cooperation promoting 'strategic communication, common interest, and practical programs' as their basic guidelines.

2. The tasks and the future direction of South Korean-Russian strategic cooperation

A. Tasks

The urgent tasks that the governments of the two nations face in order to deepen and substantiate the current stage of Korean-Russian relations are as follows:

First, the important task in developing diplomacy toward Russia is to ensure the stability of the relationship. To do so, it is important to respect and understand each other' s global and regional strategies, as well as their diplomatic achievements. Even if strategic differences exist that may cause conflict, it is more desireable to avoid conflict and to find a constructive method to pursue strategic cooperation. The two nations should adhere to this principle if they wish to achieve genuine strategic cooperation, and not be limited to diplomatic rhetoric.

Second, Russia's position as a supporter of Korean unification and a friendly force to a unified Korea needs to be solidified. This is associated with encouraging a positive and constructive attitude from Russia in the process of constructing a peaceful regime on the Korean Peninsula and in the actual process of reunification. This will ultimately contribute to the peace and stability of the Peninsula by achieving denuclearization of North Korea, and acting as a mediator to alleviate the military tension. That is, Korea should take advantage of possible space for cooperation where Russia can aid in inducing North Korea's open door policy and solving the nuclear issue. This includes refining the triangular economic cooperation between South Korea, North Korea, and Russia, establishing the trilateral cooperation to balance the rising Chinese power, and policy coordination to prepare for sudden changes in North Korea.

Third, South Korea and Russia will both prosper by strengthening their economic cooperation, specifically through bilateral trade, investment, science and technology cooperation, and co-development of the Far East and Siberia. Possible visions and goals of the economic cooperation may be reaching $50 billion of trade by 2020, and $100 billion by 2030. Signing the Korean-Russian FTA, actualizing mutually-beneficial triangular economic cooperation between South Korea, North Korea, and Russia, increasing energy resources and logistics cooperation, and participating in Far East Siberia development projects are examples of such pursuits. Another possible route is to accommodate the current Russian government's "innovation" and "economic modernization" policies.

Fourth, network diplomacy should be expanded to increase mutual understanding. This has actually been a significant factor in hindering the development of the bilateral relationship for the past 20 years, Thus, an improvement in this area could significantly advance this relationship. The main elements of the task are to dispel the misconstructed image and the misunderstanding between the two nations to build trust and to strengthen the scope of understanding. This includes cooperation on governmental, industrial, and academic levels. Public diplomacy to expand the scope of the relationship is crucial, including diverse channels of communication, exchange of personnel, cultural celebration, and discovery of future generations.

Last, the task is to establish a Northeast Asian multilateral

<Table 4> The tasks of South Korean-Russian strategic cooperation

Tasks	Details
Stabilization of bilateral relationship based on mutual respect	• Foster genuine strategic cooperation (2008. 9. Moscow Summit), which has been stalled since the establishment of Korean-Russian strategic cooperation partnership, beyond an exchange of diplomatic rhetoric • Enhance mutual respect for diplomatic achievement, and efforts to resolve the differences in perception • Strive to understand the strategic differences and to seek a method to bypass the differences
Supporter of Korean reunification and a potentially friendly force to reunify Korea	• Induce Russia's positive and constructive attitude in the process of peaceful reunification of the Korean Peninsula - Denuclearize the Korean Peninsula by solving the North Korean nuclear issue - Act as a mediator to relieve military tension on the Korean Peninsula - Pursue Korean-Russian cooperation on North Korea-related policies (inducing North Korean open door policy, strengthening influence on solving the North Korea issue, and coordinate policies regarding sudden changes in North Korea) - Refine the triangular economic cooperation to promote economic benefits, and enhance triangular cooperation to balance the Chinese rise in power

security organization as a means to solve regional security issues. Under this objective, Korea and Russia can promote strategic security cooperation in the 21st Century, and be partners in bringing peace and prosperity to Northeast Asia. The pursuit of economic cooperation and the sub-regional cooperation between Korea and Russia can be developed into a mechanism of multilateral security cooperation. Russia currently is the host nation for the working group on Northeast Asian peace and security mechanisms of the Six-Party Talks. Thus, it is particularly important to cooperate

Tasks	Details
Co-prosperity through strengthening Korean-Russian economic cooperation	• Maximize the potential for cooperation in all areas including trade, investment, science and technology, and joint development of the Far East and Siberia region • Set and implement long-term vision and goals for future cooperation - Achieve $50 billion in trade by 2020 and $100 billion by 2030 • Sign the Korean-Russian FTA; pursue reciprocal trilateral economic cooperation between South Korea, North Korea, and Russia; deepen cooperation on energy resources and logistics; participate in Far East and Siberia development projects; cooperate in the development of the Arctic region and the establishment of the Arctic passage • Collaborate for the development of the Arctic region and the establishment of the Arctic passage • Cooperate and the support Russia's "economic modernization" program
Co-prosperity through strengthening Korean-Russian economic cooperation	• Construct a basis for meaningful development of Korean-Russian n relationship • Dispel misconstructed images and misunderstandings; build trust • Expand basis for public diplomacy - diversify communication channels, exchange of personnel, cultural celebration, discovery of future generation
Strategic cooperation in establishment of Northeast Asian multilateral security organization	• Enhance 21st Century strategic security cooperation between Korea and Russia • Become better partners in bringing about peace and prosperity in Northeast Asia • Stimulate discussion on the new Northeast Asian peace and security mechanism to replace the Six-Party Talks • Expand the success from economic cooperation to security cooperation through sub-regional cooperation

with Russia to build a strategic framework that will replace the Six-Party Talks because such mechanisms of multilateral security cooperation can foster regional stability and peace. Various ideas, such as the NPSO, NASO, and an Asian version of the OSCE, and lively discussion on the matter will continue.

B. Basic Directions

In order to address consistently the challenges mentioned earlier in accordance with the strategic direction set at the appropriate level and range, the two countries should promote a cooperation strategy based on the following basic directions.

First, there is a need to establish a basis of strategic cooperation.

- Most importantly, a proper understanding of the Korean-Russian national image, and establishment of trust are necessary. Russia believes that South Korea relies heavily on the US for national security, and that it has heavy international economic dependence, which is ultimately very vulnerable to international economic crises. In contrast, South Korea tended to exhibit a degree of superiority over Russia after the collapse of the Soviet Union, and the downfall of the socialist economy. This all goes to show that the national sentiments of each other reflect a lack of understanding of the other country.
- The two must realize the strategic partnership in the field of public diplomacy. This is a sector that can significantly enhance the image of the two together, and learn to

cooperate as a partner, which can double the effects of synergy.

- The two must examine and enhance the Korea-Russia Dialogue (KRD), Korean-Russian Forum, Korean-Russian Business Forum, Korean-Russian Councilmember exchanges, and other various communication channels, to reshape the conversation to improve effectiveness. The intergovernmental communication should proceed in the direction of expanding its capabilities and ensure regular meetings.
- In addition, it is equally important to support the creation and maintenance of societal, cultural, and educational networks. In the mid- to long-term, this field can encompass the development of future generations of human resources, professionals, and leaders.

Second, it is important to strategically cooperate in the field of reunification through a mutually benefitial process.

- Korea must consider the role of Russia in establishing a favorable and hospitable environment. Russia is participating in the balancing and reshaping of Northeast Asian power, thus, in the mid- to long-term, it sees the Korean Peninsula as a leverage in checking Japan and

China, which opens the possibility to drive strategic dialogues and communication with Russia. It is important to share the vision of the development of a unified Korea and to persuade Russia that Korean unification is the shortcut to maximize common interests. In doing so, it is necessary to encourage a constructive role for Russia in the regional order.

- The two must establish a public Korean Peninsula network. Its basis begins with the strengthening of cooperation between the two nations' practical and working level cooperation. First, it is important to establish a network that can achieve the maximization of shared interests between the two countries through enhanced cooperation. This includes creating a network with which neighboring countries can participate.
- Korea must actively encourage Russia to pursue domestic development projects, namely the Siberian Far East projects.
- It is necessary to establish a South-North-China-Russian economic belt (tentatively named Northern Region International Economic Cooperation). The two countries must foster international economic cooperation for keeping a border belt in the region through international economic cooperation while embodying joint

development. The mutually benefitial economic relations should aim to construct a Northeast Asian economic cooperation [community], ultimately seeking to deepen interdependency, and regional prosperity.

Third, it is necessary to promote strategic cooperation between the two countries in Northeast Asia toward the goal of building a foundation for stability and prosperity in the Eurasian region.

- The two countries must facilitate a "Northeast power shift" creating a stable security environment in the region. Currently, the region lies in the process of a power shift, while the regional security order is being reorganized. Meanwhile, Russia is orienting itself in the multipolar international system, away from the US-led unipolar systems and strategies. It is actively seeking global exchange and is gearing up for national reconstruction through 'modernization.' As Korea considers these strategic positions of Russia, it should willingly adapt to future regional development.
- Both countries should try to form a multilateral security system based on cooperation with regional superpowers. However, in consideration of current conditions, which

have limits in bringing about such change in a short term, the two countries focus on development of energy, logistics, and green development cooperation, which strive for building regional cooperation that transition into security cooperation.

- The two countries should design and promote a creative collaboration plan that can lead to stability and prosperity in Eurasia. In particular, initiatives and cooperation on infrastructure projects for the development of this area are critical.

4

Plan for South Korean Diplomacy toward Russia

This chapter examines and suggests achievable goals and practical plans in realizing the strategic cooperation between the two countries discussed above from the perspective of Korea's diplomacy toward Russia. The goals and plans proposed in the above sections can largely be divided in 4 topics, with a total of 19 achievable goals. The fourfold topics are as follows: 1) Diplomatic and security cooperation; 2) Multilateralism in Northeast Asia, and subregional diplomacy; 3) Practical cooperative diplomacy; and 4) Public diplomacy and cultural exchanges.

1. Diplomatic and Security Cooperation

First topic in vitalizing cooperation is the strengthening of Korean-Russian strategic cooperation. Realistic plans for such cooperation include holding regular summit meetings and promoting 2+2 (diplomatic + economic), or 3+3 (diplomatic + economic + cultural) vice ministerial meetings. Beyond strategic communication, the two countries must cooperate to establish and promote realistic political discussions, security discussions, competition strategy discussions, etc. Political exchange through representative alliance is a necessary step in fostering the establishment and strengthening of variety of policy networks among many working levels of business, academic, and political professionals. Civilian networks must be revitalized and expanded simultaneously. The establishment of a bilateral hotline in the fields of defense, and information can be achieved by installing consulate general's offices, or KOTRA liaison offices. By diversifying connections to Russia, Korea can successfully establish human leverage over Russia.

Second, a Grand Strategyfor the future of Korean-Russian relations must be drawn up and used as a blueprint for future development. In doing so, the grand strategy must reflect the changing situation and atmosphere in the region, such as, the restructuring of order in NE Asia, the inter-Korean relations, as well as others. Such visions for development must be planned together in cooperation through summit meetings. Moreover, the 'Korean-Russian Strategic Cooperation Joint Statement' should be promoted through the establishment of action plans in the fields of diplomacy and security. Such action plans should encompass a variety of topics such as: nuclear nonproliferation for global security; environmental and nuclear cooperation; understanding of the restructuring of the NE Asian order; resolution for issues surrounding the division of the Korean Peninsula; the North Korean nuclear issue; military cooperation; and multilateralism. The Grand Strategy should also reflect the current Korean goals for 'Eurasian Northward Policies,' 'New Northward Diplomacy' so that it embodies a character of 'Building a Complex Continental-Maritime State.' Korea should actively respond to Russia's modernization and innovation, and assert that Korea can serve as an effective bridgeway linking Asia. In the realm of energy diplomacy with Russia, Korea must set the idea of horizontal cooperation as the foundation, while avoiding the idea of vertical division of labor.

The third category includes the development cooperation

plans for Russian Far East, and the Siberian region. Korea must establish an exemplary model of successful Korean-Russian relations in the region. Korea must foster further economic cooperation by reflecting the goals and plans addressed in the 'Socioeconomic Development in the Russian Far East, and Zabaikal Region 2025.' Korea must actively seek to construct and connect the East Siberian gas pipeline; establish metal, mineral mining, and development plans; establish a triangular gas pipeline among Russia and the two Koreas; connecting the TSR-TKR railroads; connecting electricity grids; and developing agricultural development in Siberia. By participating in various infrastructure-building projects, Korea can and should seek to contribute to revitalizing policy networks between the two countries. Korea must also focus on establishing the pan-East Sea maritime cooperation network among Korea, Russia, North Korea, and Japan.

Fourth, Korea must attract Russia to constructively contribute to the reunification process in the midst of the establishment of a peace system on the Korean Peninsula. Korea must exert all it can to resume the Six-Party Talks, and foster cooperative efforts in establishing peace on the Korean Peninsula. Under the current atmosphere of amiable relations between Russia and China, Korea must examine how it can attract Russia to develop a pro-Korean attitude. The most assuring way is to convince Russia that the strategic value of Korean-Russian relations exceeds those of other bilateral relations. While it is clear that the conditions under the current stage of Korean-Russian relations are insufficient to bring about such grandiose goals, Korea must treat Russia with mid- and long-term goals in mind. In terms of what it can achieve in the short term, Korea must maximize strategically shared interests through economic cooperation. Through the triangular economic development among South Korea, North Korea, and Russia, and especially in the Russian Far East, and the Siberian region, Korea can hope to expect contribution from Russia in facilitating peace on the Korean Peninsula. Simultaneously, Korea must utilize a diplomatic approach that lies in the ordinary range of diplomacy. By doing so, Korea can expect the two Koreas to be unified sooner.

Fifth, in promoting Korean diplomacy toward Russia, it is crucial to raise awareness of the importance of the 'Russia variable', and to make it a national agenda. Details for this are primarily acquired by considering measures in promoting Korean foreign policy; it is absolutely necessary to boost the importance of thse priorities. Currently, it is difficult to argue that Russia is acting as an important actor in regional foreign affairs and security issues, especially in comparison to the United States and China. Nonetheless, its role in the UN Security Council as a permanent member, and as the second leading nuclear state, gives it an undeniable role and position as one of the main actors in reshaping the international order with the United States. Therefore, Russia cannot, and should never be ignored or overlooked for its importance. Korea must understand Russia as a leader in reshaping the security environment on the Korean peninsula, and also understand that excluding Russia – as it has been done in the the past – from top diplomatic talks, such as the "four-party" talks, is a dire mistake. Korea must keep in mind that making such mistakes will only make Russia become aggressive. Rather, it is prefereable to persuade Russia to realize its critical role in building regional cooperation and peace through respecting international law, international regimes, emphasizing the tendency to adhere to the norms. To promote perfect understanding of post-Soviet Russia, it is important to encourage and invite the exchange of domestic celebrities, opinion leaders, and other leading figures.

Sixth, in order to prioritize diplomacy toward Eurasia as a key agenda item in Korean foreign affairs, the Korean government must consider an institutional supplement of the Department of Eurasia within the Ministry of Foreign Affairs to function independently. The recent efforts by Russia to establish the Eurasian economic federation triggered China to regularize its Eurasia strategy. Since the Korean government has already declared its ambition to foster the Eurasia Initiative, it must put further effort in developing active policies in conjunction with good communication with Russia.

2. Northeast Asian Multilateral and Subregional Cooperation Diplomacy

First, in order for South Korea and Russia to establish strategic cooperation in Northeast Asia, it will be critical for the two to compartmentalize the effects of such cooperation on different levels of geographical coverage areas and ranges looking for ways to realize mutual benefit. The two shall execute work in accordance with each other's process by strategic communication.

Multilateral cooperation projects should be promoted while

taking into account the various long-term national interests, namely peace in Northeast Asia Cooperation Initiative, the Eurasia Initiative, and the Korean Peninsula Trust Process. Nonetheless, it should devise an institutional framework for the future, like resolving the Korean unification issue, rather than short-term achievement of current issues.

The second aim is to reconstruct the development strategy of the Korean-Russian relationship from the perspective of multilateral regional cooperation in Northeast Asia and to build peace and prosperity in Eurasia. The two countries should be especially keen in discussing a plan to achieve the sub-regional multilateral cooperation in Northeast Asia (the Pan East Sea cooperation, and the triangular South-North-Russia cooperation, etc.) to create a thorough collaborative governance and global expansion in Northeast Eurasia. In this regard, coupling the strategies of Russian Far East and Siberia development and Korea's foreign strategy could be a starting point. In addition, it is necessary to alleviate the aggressiveness of China's window in relation to the development of the Northern region of North Korea in relation to China's Chanchun-Jilin-Tumen Development Project and to facilitate the RUS-CHN competition over the Rajin-Sonbong Development Project.

Russia is making efforts to develop relationships with other Asian countries in the multilateral system. Its participation in the Six-Party Talks is being praised as a success story of overcoming Russia's alienation by Korean policy in the past, such as the Four-Party Talks. But Russia wishes to extend its role beyond just a mere participant in northeast multilateral organizations, to a more advanced regional actor in developing a multilateral base [mechanism] in promoting security and economic cooperation. Russia has strongly supported the idea of developing the Six-Party Talks into a multilateral peace and security organization. Multilateral cooperation is being used as the most important foreign policy means in every direction. Russia does not wish to spread instability in Northeast Asia, thus it has no interest in seeing any spread of weapons of mass destruction, nor does it want an arms race in Northeast Asia. This is a point in time when creative ideas from Korea can be of great utility. In this regard, it is important to set the strategic vision of Korean-Russian cooperation in expanding core processes, including the formation and extension of multilateralism in Northeast Asia, and provide a practical institutional framework.

A fundamental problem in NE Asia is the discrepancy in increased competition for security and growing economic interdependence. That is, the so-called Asian Paradox, which exists in the region right now. Multilateralism has a practical importance in overcoming this problem. Asian countries have a variety of multilateral organizations and regional cooperation projects, but the regional cooperation regime' s focal point will be determined by the partnerships among South Korea, China, Japan, and the U.S. Two championed theories rely on China's role in leading the "ASEAN + 3" or the "Regional Comprehensive Economic Partnership' (RCEP) will be at its keystone, or the U.S.'s lead in the East Asia Summit (EAS) and the Asia-Pacific Economic Cooperation (APEC), and the 'Trans Pacific Partnership' (TPP). For Korea, it will be more beneficial if it takes advantage of multilateral cooperation among key stakeholders beyond the tactic of passing security and economic cooperation to ASEAN. Now is a good time for Korea to begin talks with Russia on what roles Russian participation in the composition of the East Asian regional cooperation can assume. Therefore, South Korea and Russia must become the two basic axes in developing and implementing areas that can lead to the achievement of sub-regional cooperation in Northeast Asia. The two countries' leadership can be prominent and greatly impact projects like 'Northeast Asia Energy Cooperation.' They must also attract Japan, China, and the US to engage in such multilateral strategic cooperation.

Third, the two nations must design their future in conjunction with Northeast Asian multilateralism and/or sub-regional cooperation, and evaluate and select a variety of projects in relation. In doing so, it is necessary for the two countries to approach it from a macroscopic perspective by linking Eurasia and Northeast Asia, as well as from the perspective that incorporates human, social, cultural, and economic benefits. In Korea, impatient expectations concerning performance of short-term economic interests can become barriers; this must be overcome in the long-term strategic perspective for successful national development.

Russia has been promoting various economic cooperation projects in Northeast Asia to foster economic integration of the Russian Far East and Siberia. The Korean Peninsula must act as the linchpin to the plan. The railway and road network connectivity; oil and gas pipeline network connections; grid connections; information based infrastructure; and projects, such as highway network connections, are all important means toward Russia's diplomatic goals in Northeast Asia. But these [network projects] require both multilateral and bilateral cooperation. Accordingly, network projects should be utilized as a base to build multilateral economic cooperation in Northeast Asia and Eurasia. In addition to the need to build a business network, Russia has keen interests in the triangular connection with China, North Korea, and South Korea. Recently, for example, the Tumen River Basin Development Project is in the spotlight (GTI) and Korea should take advantage of participating in Rajin-Sonbong district in collaboration with Russia. It is expected that the gas pipeline connection project or railroad connection with Russia, and North Korea can serve as a strategic method in resolving the North Korean nuclear issue or peace process.

Fourth, Korea needs to carefully review and promote cooperation in the energy sector as a viable area in achieving multilateral cooperation in Northeast Asia. Energy cooperation in the field to meet all of the economic benefits and security is necessary. This sector can most effectively overcome the paradox of security competition coupled with economic interdependence present in Northeast Asia. South Korea and Russia lead in the construction of foundations of multilateral energy cooperation in Northeast Asia. Going byeond bilateral cooperation achieves regional multilateral cooperation. In particular, a leading role for Russia toward Korea can appear, if the 'NE Asian Energy Cooperation' should be formed. So far, Russia's energy supply network to the Asian Pacific is still underdeveloped and immature. Therefore, the key issue is whether Russia can build a

Northeast Asian energy transportation network. Eventually, Korea and Russia will be the central axes in attracting the active participation of Japan and China, and the US in order to achieve this goal. In addition to declaring that South Korea is an important partner for Northeast Asian energy diplomacy for Russia, Korea should play a leading role in establishing strategic significance for Russia's ample energy supply within the framework of regional cooperation toward neighboring countries. Korea must encourage Russia to catalyze the process of Northeast Asian regional cooperation, and serve as the strategic level in strengthening the linkages in Eurasia. Furthermore, Korea must strive to devise a system that can successfully resolve potential conflicts with Russia, as in the instance of the energy conflict between Russia and Europe.

3. Subtantial Cooperation Diplomacy

Korea and Russia must strengthen practical and working level cooperation to foster the consolidation of a Korean-Russian exclusive cooperation structure. In the process of strengthening long-term cooperation, they should actively persuade North Korea to cooperate with the two countries and to develop a symbiotic network. This requires collaboration between South Korea and Russia; among South Korea, North Korea, and Russia; and among multiple parties beyond the three. In particular, it is important to construct a foundation of cooperation that can produce tangible results, with an underlying basis in both the bilateral, and multilateral approaches in the region. Both countries should also promote practical cooperation and diplomacy to transparently seek out projects that can develop a South-North-Russia triangular cooperation into a multilateral cooperation vis-à-vis practical methods.

The first project related to this is discovering new areas for investment and trade with a high potential for cooperation. Detailed plans include: the attainment of machinery development; high-tech industries; shipbuilding, aerospace, and automotive construction that may expand other areas of cooperation, which then would produce vested interests in strengthening the foundations of SOC to ultimately increase trade and direct investment. By doing so, the two countries can hope to establish aggressive expansion and local production systems together. Expanding the area of Korea's interests in Russia should include development of local businesses from the metropolitan centers of existing markets to regional markets. There is a need to promote a diversification strategy.

In particular, advancement into the Russian Far East and Siberia should be expeditedbecause the region holds many opportunities and natural resources. Korea should consider actively participating in the "Far East Transbaikal Community Economic Development Strategy 2025" plan, by offering skills in fostering infrastructure development projects. Furthermore, Korea must develop a roadmap toward establishing a Korean-Russian FTA to secure and expand its competitive edge in the Russian market. A future Korean-Russian FTA must not simply function as a mechanism in lowering tariff barriers between the two countries, but also as an opportunity to expand investment cooperation between the two. In doing so, the two countries must sign a comprehensive economic partnership agreement (CEPA) as a tool to realize 'strategic complements.'

Korea and Russia must continuously make efforts to develop a 'strategic investment cooperation' project. Also, the two countries must strengthen cooperation in the field of infrastuction modernization projects, and other innovation-related fields; in a sense, the Korean government is supporting and encouraging Russia's policies. In particular, Korea must actively support the Russian government's recently announced five areas of focus on development: energy efficiency, communication, aerospace industry, nuclear energy, and medical devices. Korea must collaborate to commercialize these manufacturing industries and proprietary technologies. In addition, with regard to the current imbalance of investment between Korea and Russia, the two countries must strengthen communications between the business sectors of each other in order to expand communication and strengthen their trust. This would ultimately produce a greater strategic expansion of economic cooperation between the two countries.

The second task is to achieve goals of projects early or to reduce the forecasted times for projects that have already by increasing efficiency, such as energy, transportation, and logistics.

① Energy Cooperation:

To foster the strengthening of Korean-Russian energy cooperation, Korea must devise ways to encourage a more profound understanding of Russia among its government officials, decision makers, business personnel, and other working level individuals. Energy cooperation must be directed not as an individual project, but as a comprehensive 'strategic cooperation' that encompasses the understanding of various ventures (IT, shipbuilding, construction, manufacturing facilities, etc.). Korea must respect the principle of reciprocity and develop negotiation strategies that can maximize interests by seeking potential for opening and cross-investment for various sectors.

Considering that has not been many opportunities to build trust among industries and business corporations from each country, it is more realistic to foster partnerships in low-level investment projects first. Once enough trust is accrued, then increasingly high-level strategic alliances can be developed and created. In the same manner, Korea should actively seek cooperation with key public corporations in the energy sector, such as Gazprom and Rosneft by purchasing shares. Energy cooperation with Russia should not be regarded simply as a means to reduce energy dependency on the Middle East, but rather as means to diversify energy imports, and as a diplomatic tool. It is necessary to engage Russia's energy cooperation issues in conjunction with the geopolitical landscape of the peninsula.

Projects such as E & P business, PNG projects, and the grid connection project will provide a significant opportunity for North Korea to participate in multilateral economic cooperation initiatives, which can contribute to promoting reform and opening. In addition, these projects are expected to be able to provide gas and electricity to North Korea after unification, as well as reduce the potential for unexpected provocation by North Korea because it will have strengthened ties with neighboring countries.

② Connection of Railroads and Logistics Infrastructure Development:

Korea must stimulate the public's interest in the Eurasian continental railroad network. Instead of simply observing the "Rajin-Hassan Project,' which is being implemented as North Korean-Russian cooperation. Korea must act to implement South-North-Russia railroad projects commission as soon as possible and begin searching for ways to actively utilize the North Korean modernization project. In doing so, it is important that Korea constructs a control tower that can lead the Eurasian continental railroad project, as well as the connection of the Silkroad Express (SRX). Korea must not hold back its resources in supporting research for transcontinental railway studies, with ample material and human labor, so that the foundation can be strengthened (strategy, policy, technology, etc.). Currently in China, the 'Changchun-Jirin-Tumen Development Plan' is accelerating as a means to integrate the regional economy among China,

Russia, and North Korea near the border. Korea must participate in such projects by strengthening each actor's commitment via establishing an institutional framework through international railroad organizations, such as, the International Railway Cooperation Organization (OSJD) and the International Union of Railways (UIC). To do this, first and foremost, Korea must develop professional human resources with knowledge in the Eurasian continental railroad. They must also prepare for a future full-scale modernization of the North Korean railway. Korea should find ways to alleviate its financial burdens that are related to the Korean Peninsula railway modernization strategy, including establishing a financial plan that can attract a large quantity of international capital.

③ Arctic Sea Region Development and Vitalization of Maritime Route:

Korea should strengthen the strategic partnership with Russia in the Arctic, which holds enormous potential as one of a new Eurasian international transport routes. This opportunity can serve as a foundation for expanding the scope of cooperation and development in the Arctic region for resource development. In doing so, Korea must reiterate to Russia that it is important to overcome resource management, and technological limits in developing the Arctic Passage. South Korea should ensure that it is at the center of a highly developed distribution network near the entrance of the Arctic Passage in the Asia-Pacific. It is important that Korea actively participates in the international Arctic Council discussions on all issues at the government level; issues can range from the core mechanism of the Arctic Council, Polar code, Arctic environmental protection issues, and search and rescue missions in the Arctic Ocean. While building a communication channel with countries associated with the Arctic project, Korea must identify the flow of the discussion of the international community, and strengthen its position and presence among others. Korea must establish information exchange and communication channels to discuss Arctic issues from various angles. Relevant government departments and national committees, councils, or pan-Arctic research institutions must develop ways to exchange ideas and open a discourse with shipping and logistics companies, and establishing a long-term national strategic trajectory through dialogue and debate with relevant experts. Future opportunities should be facilitated beyond the current focus on simple resource development in order to create the common goal of co-creation values in various industries. For example, South Korea and Russia can develop revolutionary solutions to various problems through technological cooperation, especially in the fields of resource development and engineering.

Thirdly, Korea must make efforts to reach full potential of cooperation in the agriculture and fisheries sectors. To be more specific, Korea must build a supply chain that connects the peninsula with Siberia, focusing on energy, logistics, food, and execution of a full-fledged economic cooperation. In doing so, it is important to develop and maintain quality-control over the supply of labor. That is, Korea should establish a comprehensive plan to stabilize the supply and demand for labor. This issue concerning labor can potentially be solved by the North Korean labor supply to solve the labor shortages in the Far East. For example, a Korean-Russian labor management company may enter into a joint venture with an agriculture investment company with a long-term labor contract. Korea must search for new ways to resist the Russian local government's customary practice of pressuring an over supply of labor – so that we can meet new potentials in developing the region into a land of many opportunities for a variety of investment projects. Korea can provide the Far East and Siberia region, which is receiving much international agricultural investment, with skills and technology of hauling, drying, storage, transport, support, sales as means of supporting the agricultural investment. If tariff barriers can be lowered for agricultural products produced from companies that incorporate Korean capital or labor, then it is likely that civilian investments will also rise.

Korea must comply with the 'Korean-Russian IUU Fishing Agreement,' which was signed on December 22, 2009, in order to develop credit as a responsible fishing nation in the international community. While supporting the strategic interests of Russia, which currently is struggling to protect the fishery resources of its Pacific region, Korea can establish a stable operating base in a manner guaranteed to receive certain fishing quotas from Russia. Korea must engage in promotion of creating shipyards in the Russian Far East, for the advancement of Korean businesses such as seafood processing plants, etc. To do so, Korea must proceed with in-depth research on fisheries-related infrastructure and strengthen partnerships with other key coastal cities.

So far, Korea has achieved some tangible cooperation in the field of diplomacy with Russia. However, many of the real longterm strategic interests associated with foreign cooperation and multilateral interests are either developing at a slow pace or have stopped. In order for practical cooperative diplomacy to be promoted successfully, it is necessary to pinpoint the issues of different cooperation projects in the process of refining the strategic vision of Korean-Russian cooperation. In addition, it must not be forgotten that the efforts to establish a framework needed to institutionalize these practices are worked side by side.

4. Public Diplomacy and Cultural Exchange for Expanding the Base

As a mission to expand the range of the Korean-Russian cooperation, one of the most important foundations is to improve the level of public diplomacy and cultural exchange. Biased stereotypes and misunderstandings can be overcome through a variety of public diplomacy and cultural exchanges; much more so than through official governmental exchanges.

Russia, which shares a border with the Korean Peninsula, is truly a 'country so close, but so far.' Russia had exercised significant influence over Korea during its modernization period, and its cultural assets, including Russian literature, which was the subject of adoration for many Korean intellectuals over a long period of time. But during the Cold

War, the Soviet Union was largely recognized by the majority of South Koreans as a subject of fear. Such an image still remains among Korean people.

To the Russians, Korea is a 'country so far, but so close.' Records of Russian writers who visited Korea show that Korea was a small country between China and Japan with beautiful natural landscapes. Simultaneously, during the Cold War, the Soviet Union perceived Korea as a puppet regime and as a subject of American imperialism. Nonetheless, thanks to Korean products, which were successful in Russia after normalization, Russians began to see Korea as an economically advanced country. It is also true that many Russian people who visited Korea had shared significant degree of familiarity with Korean culture and emotional intimacy. According to a 2012 research study done by Gallup Korea, published by Chosun Ilbo, countries that have high rates of favorability toward Korea are, in order: Russia (57.5%), China (53.9%), Japan (40.1%), the US (39.5%), Germany (25.4%), United Kingdom (29.1%).

On the other hand, according to the Code Book survey in 2009, conducted by Korean General Social Survey, when Korean people were asked about their familiarity of their 5 neighboring countries including North Korea, the results showed that Koreans ranked closeness with its neighbors in the following order: the United States (60.7%), North Korea (16.3%), Japan (9.9%), China (6.8%), Russia (1.3%). Affinity for Russia was the lowest. In the same survey, when test subjects were asked about the most threatening country to peace and stability in the Korean Peninsula, Korean people ranked the countries as: North Korea (52.7%), Japan (17.6%), China (15.8 %), American (12.5%), and Russia (1.1%). This showed that the Korean people view Russia as a distant country, and not as a threatening power.

Since normalization of relations, Korea and Russia are continuing to expand a variety of communication channels and in Culture and Arts. Images of Russia in Korea are improving; Korean people view Russia as a country with a great culture and cultural heritage that is undergoing transformation. Russian sentiment toward Korea is largely centered on the image of Korean products, and is not necessarily based on Korean traditions or culture, showing an unbalanced development of Russian opinions toward the image of Korea. In the area of popular culture, thanks to artists, such as, Viktor Ahn, and Psy, Korean image is improving and drawing high levels of interest. However, certain Russian works, such as Kobzon's "Cranes," which most Koreans knew as the original soundtrack to a famous soap opera in Korea, no longer appear in Korean mass media.

Nevertheless, the potential to realize strategic cooperative relations between the two countries through public diplomacy and cultural exchange has no limit. In January 2014, the two countries agreed to a VISA waiver program, which will serve as an important foundation for Korean-Russian exchange. Increase in tourism will become an opportunity to overcome false stereotypes, which will diversify communication channels for the citizens of both countries, ultimately increasing the degree of mutual understanding. Vitalization should be approached in a mutual manner in the fields of press, culture, arts, and academics.

By doing so, the Koreans can add to their current national image of 'economically advanced nation,' with another image of 'nation of rich history and culture.' Russians will develop their image of Korea as an 'important potential partner for Russia's future.' For Russians, it is important to utilize the rich interest of Korean people in Russian arts and literature in pursuit of its goal to boast its changing image as a country with vibrant market economy and democracy.

Since the normalization of diplomatic relations, roughly

20 years have passed. The directions, which the Korean-Russian diplomatic relations should consider are: 1) Both Korea and Russia must expand the idea of the importance of each nation to each other as future partners to key government officials, decision makers, and opinion leaders; 2) Overcoming prejudice and stereotypes and implementing the idea of sympathy toward each other as cooperative partners; 3) Sustainable development of professionals and future leaders; 4) Exchange of arts and culture based on shared emotional intimacy.

These goals must be explored in an efficient and systematic way in order to develop detailed projects that are sustainable, realistic, and achievable.

It is especially important that Korea and Russia switch from the conventional one-way diplomacy to shared communication and collaboration. The <Russian Goldmap> published by Russia's top public company, Gazprom, and Korea's KOGAS, in 2012, is a stellar example of mutual cultural exchange. Publication of RBTH (Russia Beyond the Headlines) in Korean (titled Russia Focus), which happened around the time of APEC Summit Meeting held in Vladivostok, is another revolutionary success story of public diplomacy. There are more successful examples of public diplomacy, such as the publication of <Russian People,

Russia's Path> in November of 2013, around the time of President Putin's visit to Seoul.

The next important step is to design and procede with public diplomacy on multiple layers through a variety of media platforms. For instance, Russia, which has been recognized to have a relatively low gravity in Korea compared to other countries around the Korean Peninsula, should take advantage of academic conferences, press conferences, special exhibitions, culture events, etc. to continuously deliver the message to improve its image among Korean people. Korea must do the same in a way that it delivers a "win-win" message to Russia as a future partner.

It should be noted that in order to cultivate future professionals and leaders who will take on the main role of vitalizing relations between the two countries, full support of developing professional must be provided to: translators, linguists, historians, political scientists, economists, and other areas that encompasses not only social sciences and humanities, but also art, athletics, and natural sciences. Multidisciplinary cooperation between Korea and Russia will most definitely become a great tool in the future. It is important to continue to collaborate in the existing areas for cooperation, but also in different fields that would include partnering organizations and institutions, thereby forming mutual cooperation networks, ultimately constructing a synergy effect.

In terms of cultural and art exchanges, there needs to be creative and simultaneous cooperation that can encompass a wide range of areas from classical to contemporary art, and from popular culture. One example of success in the area of culture and art exchange is the erection of a Pushkin statue in front of Lotte Hotel, which was a product of collaboration between the Russian Writer's Association and Korea's Pushkin House. This statue was erected in special commemoration during President Putin's visit to Seoul. Furthermore, L. Ulitchkaya of Russia was the first foreign writer to receive the 2012 Park Kyung-Lee Award, awarded by the Toji Culture Foundation. Her work was later translated into Korean, which ultimately contributed to a new form of literary exchange between the two countries.

Projects that should be approached mutually by Korea and Russia to reach a point worthy of the name, strategic cooperation partner, are as follows:

First, it is critical that the existing communication framework be revisited and revised to raise the overall efficiency. So far, the two countries have communicated largely in the Korea-Russia Dialogue, Korean-Russian Forum, Korean-Russian Business Dialogue, and in other forms of civilian and vice-ministerial channels. In the future, each one of these communication channels must be operated without overlaps, independently. The Korean government must use the Korea-Russia Dialogue as the main comprehensive channel of communication, and develop it as an entity of communication in which a variety of people with different expertise can participate simultaneously.

There is a dire need for exchange of congressman, business professional dialogue, media exchange, society and cultural NGO exchange, and exchange of future generations of leaders. The Korean-Russian Forum must raise its status to a regular communications channel, especially to one that can bring key issues to the table in order to generate substantive conversation. Furthermore, creation of the 1.5 track regular strategic conversation is absolutely crucial. The revival of such talks can function as a mediating entity that can facilitate the designing and facilitating the mid- to long-term goals of each country. The bilateral communication between the two countries must exhibit a feedback loop structure that can reflect the results of communication within actual policies. This ambition requires the construction of a proposed 'Korean-Russian Relations Development Research Committee,' which could ultimately foster the development of a network that can facilitate the mutual understanding of professionals from various fields.

Second, the expansion of communication channels for opinion leaders is much needed. To achieve this goal, Koreans must establish practical channels of regular cooperative networks in collaboration with Russia's Institute for Strategic Studies, the Institute for Modern Development, the RIAC (Russian International Affairs Council), the Skolkovo Foundation, as well as other research institutes and think tanks. In addition, cooperation with Valdi Club, St. Petersburg Economic Forum, Yaroslavl Forum, and Eastern Economic Forum must be utilized as principal policy forums, where Korean professionals can exchange communications with prominent Russian leaders.

Considering the recent increase of interest in China by Koreans, and the relative stagnation of developing interest in Russia, Russia must work hand-in-hand with Russian specialists in Korea to communicate actively with leaders of Korea. Since economic cooperation in the Russian Far East and Siberia is being elevated to a mutually prominent status in both countries, there is also a need to establish a 'Eurasian

Business Forum' to foster communication between legal experts, business personnel, and economists in each country. By using this as the main platform to cultivate cooperation projects, Korea can seek to alleviate tension in the Korean Peninsula, seek possible means to improve inter-Korean relations, and instill lasting peace in NE Asia. The same level of active communication is needed at the civilian sectors as well.

Third, the Korean-Russian Economic, Science, and Technology Cooperation Committee, and the Russian Far East and Siberia Development Cooperation Committee must be fostered. The former committee must be developed into a place of detailed discourse on working-level discussions; division of labor and the institutionalization of discussions on regular issues are much needed. Both countries must select a research institute to host and develop regular conferences and forums on the issues of development of the Russian Far East and Siberia. From time to time, the two countries must seek ways to include other neighboring countries to achieve this common cause. Exchanges between organizations like KERI, KOTI, and KIEP, which are either directly or indirectly related to the South-North-Russia triangular cooperation project, are absolutely necessary.

Fourth, Korea must consider construction of a new form of culture and arts exchange model. The period in which the Bolshoi Ballet and the Marinsky Orchestra received full attention from the Korean media has passed. Also, it is difficult for famous Korean performance to gain popularity in Moscow or St. Petersberg. Uni-directional publicity of each other's traditional cultural content is no longer an effective way of cultural and artistic exchange. Cultural communication between the citizens of both countries can truly begin only when they share intimate, and artistic values. Unlike Russian classical literature, modern Russian literature is being ignored by the Korean publishing industry. There are some Russian enthusiasts of Korean movies, but it is almost impossible to find translated Korean literature on Russian bookshelves. This is largely a result of forcing uni-directional communication. In the future, mutual exchange of culture and arts must be regularized on the civilian level.

Korea and Russia should actively support periodic exchanges and large-scale events to increase public interest in each other's culture and arts. Artists from both countries should collaborate in producing plays, movies, musicals, and other performances and foster the development of a cultural exchange model. In doing so, both countries must pay extra close attention to vitalizing a platform in which cultural facilitators can regularly meet and share ideas. Just as the original soundtrack "Crane" and figures like Fedor Emelianenko, and Victor Ahn have contributed greatly to mutual understanding between the people of the two countries as accidental 'killer contents,' both countries should carefully design and plan the next 'killer contents' in collaboration. Of course, this requires public cooperation more than governmental cooperation. Each government can act as a force to catalyze the process by actively supporting the idea.

Fifth, Korea and Russia must regularly exchange professionals and experts from the media, especially reporters and journalists who can raise the level of mutual understanding between each country. The results of such exchanges would be the expansion into each respective country. Public broadcasting companies, such as Korea' s EBS, and Russia's Kultura should engage in exchange of stellar contents, and co-produce content, which can ultimately contribute to raising the level of understanding of each country.

Sixth, both governments must expand their interests

in cultivating the next generation of leaders who will become key decision makers in the future. During the time of Korean-Russian normalization, there was an ample number of well-trained Russia experts in Korean academia. Unfortunately, their status as academics and their support in training the next generation of Russia specialists are extremely low today. The rapid rise of China, unfruitful planning of Korean-Russian cooperation projects, and an unbalanced number of trained specialists (created a bottleneck effect in the specialties of Russian literature, and relative scarceness of specialists in economics, political science, and social sciences) can account for such phenomenon. If this situation persists, then Korean research institutes and universities will experience a severe lack of such professionals.

Russia's Korean studies are also experiencing difficulties in attracting the next generation of leaders to be trained as specialists in Korean politics, economy, and society. Russia must realize that the Russian governmental scholarships and grants provided to foreigners are not very attractive to Korean students. In order for the Russian government to attract competitive Korean students to the governmental sponsored programs, Russia must invite Korean students with excellent offers to study in top Russian universities. The Russian government must also support the growth of student exchange programs, not only in the fields of humanities and social sciences, but also in other fields in which Russian academia has the competitive edge. Top universities of each country must actively consolidate their commitment to the regular exchange of scholars and students.

Lastly, in order for Korean-Russian cooperation to develop and mature, the two countries must work diligently to develop cultural mediators and facilitators who can mitigate the costs of overcoming communication barriers. What is more important than the public diffusion of Korean Studies or Russian Studies is the development of the ability to accurately understand issues and resolve problems. Developing such human capital should be the most important goal of each country. Scholarly exchanges must exhibit a more academic nature than simple tourism.

Korea is a country that dreams of long-lasting communication and cooperation with Russia. Russia is a country that has turned its attention from Europe to the Asian Pacific. In order for both countries to fulfill their geopolitical and geoeconomic roles tactfully, public diplomacy and a fluid exchange of culture must become a priority.

5

Policy Recommendation

What are some urgent assignments that need to be resolved to improve the South Korean-Russian relationship? On what conditions and chronological order do we need to tackle our policy assignments? Mainly for the South Korean government, and at times for both governments, the following policies should be proposed.

1. Substatiating South Korea-Russia Cooperation from the perspective of the Strategic Partnership

- The fluctuations in global and Northeast Asian regional order that mark the 21st century provide both a platform to develop the national status and a strategic environment to South Korea and Russia. The restructuring of the Northeast Asian international order derives globally, but with a regional characteristic, and thus requires strategic thinking and the pursuit of foreign policy within a bigger framework. It is necessary not only to promote South Korean-Russian relations, but also to draw out the strategic significance that lies within and then translate it into action. Therefore, the Korean government should unearth various types of international cooperative agendas, and design a plan and carry out the "New Northward Diplomacy" or "Eurasian/Northern Policies." But how can we formulate that kind of synthetic policy cooperation?

- South Korea should promote mutual developments through international and multilateral economic cooperation, and come up with plans that alleviate regional tension and maintain peace by maximizing mutual benefits. The Korean government should shows an attempt to enhance its role as a 'complex land and sea nation' that bridges the continents and the oceans, and expand its influence in the geopolitical arena of Eurasia. It should strengthen international cooperation through encouraging the reform and opening up North Korea. It requires a transparency of compliance with the rules and norms so that Korea seems more reliable. Construction of the infrastructure for Korean unification can become a subject of its own, which includes building a regional economic cooperative belt encompassing Far East Siberia + Northeast China + South-North Korea region and trilateral economic cooperative projects among South Korea North Korea and Russia. In the security sector, Korea can pursue various policy ideas like the Northeast Asian Security Cooperative, the North Pacific Security Cooperation, the Organization for Security and Cooperation in Europe (OSCE)'s Asian model, and the establishment of Organization for Security and Cooperation in Northeast Asia (OSCNA), etc.

2. Vitalization of Russia's Role as a Mediator in solving North Korean Nuclear Issues

- On the North Korean nuclear issue, Russia adheres to the position that a peaceful and diplomatic solution should be reached as an extension of the denuclearization of the Korean Peninsula, and expects to resolve the issue under the frame of the Six-Party Talks. Meanwhile, Russia disagrees with the alternative three-party and four-party mechanisms to replace the current Six-Party Talks.

- Russia is not in a leading position in the Six-Party Talks, but has occasionally acted to solve a problem directly. It was Russia that resolved the situation with the frozen North Korean assets of the BDA Bank in 2006. Also, Russia has proposed a plan consisting of a dozen synchronized steps in 2002 when the second North Korean nuclear crisis occurred. Korea and Russia share a common goal of denuclearization on the Korean Peninsula and control of nuclear weapons, thus there is ample room for policy coordination. Further diplomatic efforts are essential to take advantage of Russia's role as a mediator to reach positive result.
- The opinion leaders of both countries need to foster an environment where the importance of denuclearization of the Korean Peninsula is realized by coordinating the opinions at the vice-ministerial level of talks and by utilizing the governmental, industrial, and academic networks.

3. Strategic Cooperation for Promoting Comprehensive and Soft Security Development

- Korea must promote strategic cooperation diplomacy as an extension of greater Korean-Russian diplomatic cooperation in the fields of climate change, cybersecurity, drug trafficking, international crime, pirate prevention, and nuclear nonproliferation. Furthermore, Korea must note that Russia emphasizes international law and protocols, and the two nations must mutually develop aid programs for the less privileged nations, PSI contribution, Somali piracy intervention, and PKO activism through the UN.
- This kind of cooperation would be linked to stimulate the Northeast Asian countries to develop dialogues on topics of common interest. An favorable way for this regional cooperation would be to create an aggregate of regional partnerships on particular aspects of soft security, such as energy security, nuclear energy safety, transport security, food security, international information security, including cyber security ect.

4. Materialization of the Triangular Economic Cooperation as a "Success Story"

- A "successful case" that symbolizes the development of Korean-Russian relations needs to be actualized from an early point. The Rajin-Hassan Logistics Partnership may be a good example.
- Implementation of these projects should be regarded not as a project for a certain administration, but as a national project. Then, the trilateral cooperation needs to be expanded to create a region-wide community, such as a Northeast Asian energy complex.
- If consensus can be reached on the basic principles of trilateral cooperation starting with the Rajin-Hassan Logistics Partnership, this framework can be expanded to include building a transportation-logistics infrastructure, constructing international transport routes (TKR-TSR), connecting the gas pipelines, electricity networks, and pursuing agricultural development of Maritime Province. Then, specific action plans can be established to implement these projects. The trilateral cooperation cooperation among Russia, South and North Korea especially concerning Rajin project should become a successful case of substantive strategic cooperation.

5. Establishment of "Korean-Russian Initiative for the Development of the Far East and Siberia" and "Korean-Russian Initiative for the Central Asian Develoment"

- China and Russia are currently developing a cooperative project to connect the development plans for the three Chinese Northeastern provinces and the Far East and Siberian region for a win-win outcome. Also, Russia has proposed an "Initiative to enhance Russo-Japanese cooperation in the Far East and Siberia" with the aim of strengthening cooperation in 8 different sectors including energy, transportation, and informational communication. On the other hand, Korea is in the process of discussing the Korean corporations' overseas investment expansion in the Far East and Siberia in the Far East and Siberia Committee meetings under the Korean-Russian Joint Commission on Economic, Science, and Technology. However, Korea has not been able to establish a roadmap and an action plan, which define the principles, goals, and the overall direction of the Korean expansion into the Russian Far East and Siberia.
- Thus, it is important to establish a distinct action plan dedicated to the Far East and Siberia region early, differentiating it from the existing comprehensive

Korean-Russian Action Plans. The new action plan needs to become the road map that establishes the top priority development goals and directions, in line with the Russian development strategy for the Far East and Siberia region. Then, Korea must select projects that can optimally combine the competitively advantageous elements of both nations under the roadmap and action plans. Projects need to be categorized by the project period and the capital size so that Korea can pursue label projects that can be implemented with small capital in a short period as "successful models," and the large-scale projects requiring long-term commitment as national cooperation projects.

- In order to establish a roadmap and action plan that can guarantee a vision and still be practical, a process that specifically identifies the implementable conditions and environment needs to precede. A joint research team on development strategy of the Far East should be established to start the discussion. The team should not be run by the Russian government, but by the principal agent of the project and the potential participating party (the Korean corporations) who can develop the joint developmental strategies. The Far East related Russian research institutions, a Korean group of Russian experts, and research institutes of the Korean corporations can be combined to form such a research team. The project can proceed in allowing industrial site visits, adjusting the difference of interests, and bringing about a consensus through multiple presentations and discussions.

- Furthermore, a single labor market and a system of joint management regulation need to be established while a working group must be formed to improve legislations in the Far East. A full-scale development of the Far East region is expected to increase the demand for North Korean labor force in the area. The lack of a regularized system of co-management regulation is fundamentally limiting the Far East development because there is constant shortage in labor. Only when a plan to supplement the labor force is established, can effective development and investment expansion of the neighboring countries take place.
- Korea and Russia need to start discussion of how we can figure out the strategic and cooperative ways for finding the converging point of the Korean "Eurasia Initiative" and Russian policy for the "Eurasian Economic Union." Both can develop a common idea for "Korean-Russian Initiative for the Central Eurasian Develoment."

6. Strengthening Economic Cooperation through Dramatic Increase in Trade Volume

- Korea must note that increase in net economic benefit may be the core of future strategic cooperation, and it must find ways to dramatically increase the Korean-Russian trade volume. Possible examples include signing the Korean-Russian FTA, and setting a specific trade goal of reaching $50 billion by 2020 and $100 billion by 2030.
- Korea needs to streamline the local divisions in charge of providing information and services to stimulate investment in Russia, such as constructing a local production system. An information center that can provide detailed information to small and medium sized businesses in a timely manner should be established with support from both governments. On the other hand, Russia's investment in Korea should be actively encouraged to relieve the investment imbalance and to expand the scale of strategic investment cooperation. Promotional activities, such as investment information sessions, on Russian investment can be effective in local governments that are highly interested and have had frequent interactions with Russia.
- In order to implement an active market entry strategy, it

is crucial to establish a reasonable and effective logistics network that can develop, produce, and distribute products in a timely manner. Considering the fact that the Russian logistics system is fairly inadequate, and that the cost of logistics comprises a large percentage of economic activity, building an integrated logistics complex in each regional market will be helpful. Also, Korea should lay the groundwork for full-fledged investment in the logistics industry in preparation for an open logistics market when Russia becomes a member of the WTO.

- In order to expand Korea's investment in Russia even when Korea holds a relatively small role and low importance, Russia needs policies that aim to actively attract foreign investment. First and foremost, the existing policies that restrict the participation of foreign corporations in development of natural resources should be withdrawn. At the moment, Russia does not grant independent development rights for the continental shelf to foreign energy corporations. It is crucial to obtain a high level of trust from a partner country in strategic cooperation in order to stimulate investment relations. In that aspect, Russia needs to pursue consistent foreign investment policies and open competition policies.

- Moreover, Russia needs to observe the regulations and procedures on investment and corporate activities in a consistent manner, and guarantee the protection of rights for the legally recognized foreign investors. For instance, a Korean corporation investing in agricultural development of the Far East region is pursuing a lawsuit against the local government that is trying to restrict the corporation's agricultural water usage. Russia must realize that trust in the Russian market will plummet if it infringes on the ownership of more investors. Also, this will inevitably limit the influx of foreign investment.

7. Trust Building and Expansion of Mutual Understanding between the Two Countries

- This is an urgent assignment that needs to be resolved immediately and should be implemented consistently and steadily. To secure mutual interests and understanding in a diplomatic context, we need to completely break away from existing personal connections and build new pro-Korean ones. In terms of restoring trust, we need to make "successful cases" of economic cooperation early and improve the Russian image in our citizens.

- Korea should increase regular exchanges of journalists, and expand invitational diplomacy regarding leaders and elites. Meanwhile, with regards to the utilization potential and ripple effect, it is very important to build a bureaucratic and political network. However, this may be difficult to continue, considering the South Korean political process. Therefore, it seems desirable for scholars, group of experts, Korean-Russian Business Council (KRBC) and other businesses to become the main agents of future networks.

8. Enhancement of Institutions and Channels for Strategic Communication and Dialogue

- In Korea's case, it is necessary to be diplomatically considerate and ensure that Russia is not excluded from regional issues. It is also necessary to drastically increase the budget that goes toward strengthening relations with Russia, and respond appropriately toward changes in the Eurasian regional situation by establishing Department of Eurasia under Foreign Ministry, the tasks of which currently belong to Deprtment of Europe, so that Korea maybe involved in a more flexible and significant Eurasian-Russian cooperation. They should also seriously consider the appointment of a Eurasian-Russian specialist for the establishment of International Secretary under the Blue House. Furthermore, with the establishment of policy and strategy toward Russia, the Korean government should strengthen the link among the government-industry-academia, and expand the participation of specialists of this region.

- The Korean government should hold regular summit conference by converting it into an annual event. They should also seek to enhance the efficiency and diversity of inter-governmental dialogue channels. Also, Korea should expand its strategic alliance in the South Korea-Russia dialogue, South Korean-Russian forums, interaction of future leaders, culture, media, and other public relations area. Moreover, they should establish a strategic dialogue of 1.5 track form, and expand vice ministerial-level strategic dialogue into economic and diplomatic, and if possible, even defense-related talks.

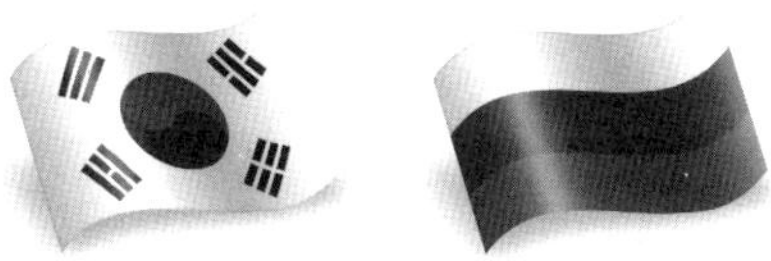

한국과 러시아의 전략협력

South Korean-Russian Strategic Cooperation

초판 인쇄 2015년 9월 23일
초판 발행 2015년 9월 30일

공저자 신범식·하용출·서동주·성원용·권원순·김현택·
글렙 이바셴쪼프 외

발행인 김인철

발행처 한국외국어대학교 지식출판원
02450 서울특별시 동대문구 이문로 107
전화 02)2173-2493~7
팩스 02)2173-3363
홈페이지 http://press.hufs.ac.kr
전자우편 press@hufs.ac.kr
출판등록 제6-6호(1969. 4. 30)

디자인·편집 (주)이환디앤비 02) 2254-4301
인쇄·제본 네오프린텍(주) 02)718-3111

ISBN 979-11-5901-007-1 93920 정가 18,000원

*잘못된 책은 교환하여 드립니다.

HUiNE은 한국외국어대학교 지식출판원의 어학도서, 사회과학도서, 지역학 도서 Sub Brand이다. 한국외대의 영문명인 HUFS, 현명한 국제전문가 양성(International+Intelligent)의 의미를 담고 있으며, 휴인(携引)의 뜻인 '이끌다, 끌고 나가다'라는 의미처럼 출판계를 이끄는 리더로서, 혁신의 이미지를 담고 있다.